T0247156

CONECTA

CON LOS

DEMÁS

BRIAN TRACY
DAN STRUTZEL

CONECTA
CON LOS
DEMÁS

La ciencia de influir en las personas

Traducción de Marta Escartín Labarta

AGUILAR

El papel utilizado para la impresión de este libro ha sido fabricado a partir de madera procedente de bosques y plantaciones gestionadas con los más altos estándares ambientales, garantizando una explotación de los recursos sostenible con el medio ambiente y beneficiosa para las personas.

Conecta con los demás
La ciencia de influir en las personas

Título original: *The Science of Influence: How to Inspire Yourself and Others to Greatness*

Primera edición: agosto, 2022

Edición original en inglés publicada por G&D Media (c) 2020 por Brian Tracy.

D. R. © 2022, derechos de edición mundiales en lengua castellana:
Penguin Random House Grupo Editorial, S. A. de C. V.
Blvd. Miguel de Cervantes Saavedra núm. 301, 1er piso,
colonia Granada, alcaldía Miguel Hidalgo, C. P. 11520,
Ciudad de México

penguinlibros.com

D. R. © 2022, Marta Escartín Labarta, por la traducción

ISBN: 978-607-381-840-7

Impreso en México – *Printed in Mexico*

Índice

Prólogo. Serie de conversaciones dinámicas   9

Introducción   11

Capítulo 1. ¿Qué tiene de especial la influencia?   15

Capítulo 2. Las 10 mejores cualidades de las personas
      influyentes   47

Capítulo 3. Influyentes impostores   73

Capítulo 4. La influencia en la era digital   97

Capítulo 5. La influencia en las ventas   133

Capítulo 6. La influencia en las relaciones   159

Prólogo

Serie de conversaciones dinámicas

Brian Tracy es una de las autoridades más importantes del mundo en lo referente a negocios y éxito personal. Ha ofrecido más de cinco mil pláticas y seminarios a más de cinco millones de personas, y es *coach* de negocios de líderes fundamentales de industrias esenciales a nivel mundial.

Dan Strutzel cuenta con 25 años de experiencia en la industria del desarrollo personal y ha publicado algunos de los audiolibros más exitosos de la historia en torno a este tema. Ha trabajado de cerca con la mayoría de los autores y oradores más notables del crecimiento individual.

Cuando Brian estuvo de acuerdo en reunirse para discutir su seminario *La ciencia del dinero: La ciencia de la felicidad*, Dan se emocionó mucho. En un encuentro de un largo fin de semana, ambos pensadores exploraron el tema de manera profunda y detallada. Las entrevistas fueron transcritas y ahora las presentamos en este libro. Esperamos que las disfrutes y que la discusión te resulte ventajosa.

Introducción

DAN

Una de las habilidades más populares para desarrollarse en el campo de las relaciones humanas es la de la influencia. Esto se debe a que, si no se amplía y se pule esta habilidad, el resto de los aspectos de las relaciones humanas es ineficaz en el mejor de los casos y un fracaso en el peor.

Si tratas de comunicar a un inversor tu idea sobre un negocio, pero careces de la habilidad de la influencia, esta idea fracasará y no podrá generar el capital de riesgo que necesitas.

Si quieres que tus hijos adopten los valores morales que más te importan, pero careces de la habilidad de la influencia, tu perspectiva palidecerá en comparación con la de las redes sociales y la de sus compañeros.

Si quieres convencer a tu pareja de que necesita tomarse en serio su salud, pero careces de la habilidad de la influencia, es posible que acabe recibiendo las malas noticias en el consultorio médico cuando ya sea demasiado tarde.

O quizás estés tratando de librarte de tu adicción a la cafeína o a la búsqueda constante en la web. Si careces de la habilidad de la influencia, serás incapaz de convencerte de que vale la pena retrasar tu gratificación y establecer un nuevo hábito más potente.

La influencia es como la combinación de una sólida cerradura de titanio. Imagina que la capacidad de comunicar es el giro de esa cerradura, y que esta última asegura la conciencia de la mente de otro ser humano o de ti mismo. Si todo lo que haces es comunicarte mediante charlas interminables, escuchas distraídas, formas de comunicación en línea u órdenes firmes, es como darles vuelta a los números de la cerradura una y otra vez. Pero si desarrollas las habilidades clave de la influencia, es como saber la combinación exacta de esa cerradura y obtener acceso a la conciencia de otra persona (o la tuya) en su totalidad. Eso es lo que aprenderás en este libro: las habilidades de la influencia, los números específicos de esa combinación tan bien custodiada que te permite producir resultados increíbles; resultados como unas relaciones personales más felices, más ventas, asociaciones más provechosas y un aumento de tu capacidad para mantener los compromisos importantes según tu punto de vista.

¿No te gustaría ser la mayor influencia en la vida de tu hijo? ¿No te gustaría convencer a tu comunidad local para que vote por ti como miembro de la junta escolar? ¿No te gustaría liderar las ventas de tu oficina mes tras mes? Todos estos resultados pueden ser tuyos gracias a este libro innovador. En esta dinámica conversación entre Brian y yo, aprenderás las mejores ideas, estrategias y técnicas sobre influencia que él ha creado en más de 40 años en el ámbito del desarrollo personal.

Es más, escucharás algunas de las últimas reflexiones de Brian sobre el tema, presentadas aquí por primera vez. Éste es el tercer libro en la serie de conversaciones dinámicas entre Brian y yo, en las que hablamos sobre algunos de los temas más fundamentales para tener éxito en el mundo hoy en día. Y al igual que nuestros dos libros anteriores, *Conecta con el dinero: la ciencia para multiplicar tu riqueza* y *La ciencia de la motivación*, éste te mostrará que sí existe una ciencia de la influencia, una que se ha probado y demostrado una y otra vez, no sólo durante años o décadas, sino durante siglos. Las ideas sobre cómo ejercer más influencia sobre los demás se remontan a los tiempos bíblicos, continuaron durante el Renacimiento, progresaron a lo largo del siglo xx con publicaciones emblemáticas como *Cómo ganar amigos e influir sobre las personas* de Dale Carnegie, y han continuado hasta la actualidad, con nuevos descubrimientos en neurociencia, programación neurolingüística y más.

Aunque pueden seguir surgiendo nuevas teorías sobre la influencia en cualquier momento, del mismo modo que hay nuevas teorías para la cura del cáncer o la calvicie, la disciplina de la ciencia y sus normas para probar y verificar resultados logrará que estas ideas pasen rápidamente del reino de la teoría al de los hechos. El objetivo de este programa es presentarte muchos de los recursos probados sobre la influencia, eliminar los mitos y teorías mediocres y dejarte con un tesoro de ideas para convertirte en una persona con más influencia tanto en tu vida como en la de quienes te rodean.

Así que te doy la bienvenida a *La ciencia de la influencia: cómo inspirarte a ti mismo y a los demás para alcanzar la grandeza* con el experto en desarrollo personal, Brian Tracy. Brian, estoy encantado de volver a tenerte aquí.

BRIAN

Yo también estoy encantado de estar aquí y de poder compartir estas ideas. He invertido unas 150 mil horas en los últimos 50 años estudiando estos temas, entre otros, y entrelazándolos en una compleja red de ideas, una influyendo sobre otra, que a su vez influye sobre otra, y así sucesivamente. A veces la gente se me ha acercado en mis seminarios a decirme que una sola idea, combinada con lo que ya sabían, pero nunca lo habían considerado desde ese punto de vista, transformó completamente la forma en la que se veían a sí mismos, su vida, sus relaciones, su familia, sus relaciones empresariales, sus clientes o su dinero. Era como una fiesta de fuegos artificiales dentro del cerebro.

DAN

Excelente. Y espero que mucha gente que lea este libro tenga la misma experiencia, la de los fuegos artificiales dentro del cerebro, y que también resplandezcan dentro del cerebro de las personas a las que tratan de dirigir.

Capítulo 1

¿Qué tiene de especial la influencia?

DAN

Entonces, Brian, me gustaría empezar con la siguiente pregunta: ¿qué tiene de especial la influencia? ¿Por qué es tan popular esta habilidad en específico? ¿La influencia se trata exclusivamente sobre controlar a los demás para conseguir lo que uno quiere, o se trata de algo más positivo e importante? ¿Cuáles son tus opiniones sobre el tema y por qué van en contra de la sabiduría popular de la mayoría de autores que escriben sobre el desarrollo personal? Me gustaría comenzar por preguntarte cuál es tu definición de influencia.

BRIAN

Una de las mejores definiciones que han aparecido recientemente es "movimiento". Hablo varios idiomas, y en cada idioma tienen distintas palabras que lo definen, pero "movimiento" implica llevar a una persona de un estado de pensamiento o conjunto de conclusiones a otro. Es como subir de un salto dos o tres tramos de escaleras. Si echas la vista atrás seis mil años, puedes ver que los seres humanos tienen una motivación primaria, que es mejorar. Todos los intentos por vender, todos los intentos por comprar son intentos de mejorar la propia condición de algún modo. A esto lo llamamos la teoría ABC de la motivación. "A" (*antecedents*) son los antecedentes, es decir, dónde te encuentras antes de conocer e influir; "B" (*behaviors*) son las conductas que sigues o que te sugieren seguir, y por último "C" (*consequences*), las consecuencias. La fórmula es que 15% de tus acciones está determinado por los antecedentes, por acontecimientos anteriores, y 85% de tu motivación para moverte, para cambiar, vendrá de las consecuencias anticipadas.

Así que esto es lo que sabemos: una persona sólo se moverá, cambiará, actuará de cualquier manera o recibirá influencias si siente que va a estar mejor después. Cuanto más convencida esté de que estará mucho mejor después, más abierta estará a la influencia de cualquier tipo.

En un trabajo que hice, usé un ejemplo. Imagínate una plaza comercial con personas yendo y viniendo de sus trabajos, oficinas y reuniones, toda la gente de negocios normal y racional, vestida adecuadamente. Caminas hasta el centro de la plaza comercial con 100 billetes de un dólar en la mano. De repente, lanzas los 100 billetes al aire, que empiezan a volar hacia todas partes.

En un par de segundos, la gente mira, y ve el dinero en movimiento, ve todo ese dinero gratis que está volando por los aires. En segundos, la gente pasa de ser normal y racional a estar desquiciada, gritando, agarrándose, chillando, jalándose, empujándose unos a otros, saltando unos sobre otros, con violencia.

Van tras este dinero gratis porque hay una cantidad limitada. Otras personas están yendo por él. Pronto desaparecerá. Si no te mueves rápido, no conseguirás tu parte. Y el público se vuelve loco hasta que todo el dinero desaparece.

También has oído historias de un carro blindado que pasaba por la calle, al que se le abrió una de las puertas traseras, o tuvo un accidente. El dinero se desparramó en el pavimento, y el tráfico se detuvo, y las personas comenzaron a correr de un lado a otro, gritando, peleándose y arrasando con todo. Podría decirse que todo ese dinero flotando en el aire era un tipo de influencia. Está provocando un comportamiento que nunca había existido y que se genera instantáneamente.

Ves un comercial muy bueno; el más famoso en la actualidad es cualquier lanzamiento de un iPhone de Apple. Anuncian todas sus características especiales y dicen que el teléfono estará disponible a las ocho en punto de la mañana del sábado. Y hay gente, que no tiene mucha idea de qué se trata, que se queda a dormir en la calle; a veces son 100, 200 o 300 personas. Incluso hay gente a la que llaman *guardalugares*, personas que van recorriendo la calle, y por cinco dólares se quedan en tu sitio cuando vas al baño o por algo de comida, o a cambiarte de ropa, para que no pierdas tu lugar. Todo se debe a que tienen muchas ganas de conseguir el producto; están influidas por él.

La influencia es básicamente eso. Está provocando que la gente se emocione tanto por la mejora que va a suceder en su vida, y por la velocidad a la que eso ocurrirá, que hace fila y presenta comportamientos que, desde fuera, parecen totalmente demenciales. Debido al intenso deseo por esa mejora, las personas se comportan de formas totalmente increíbles para alguien de fuera.

DAN

Es fascinante. Te conozco desde hace muchos años, Brian, y has sido uno de los autores y oradores con más éxito en el mundo del desarrollo personal. Más que eso, hay algunas personas que hablan sobre un tema y es como un dulce mental: cuando el dulce se acaba, la gente necesita otra dosis, y otra más; es como si hablar les diera para arriba. Pero también hay otros autores con los que trabajo que son muy buenos para conseguir que la gente produzca resultados en su vida. Y tú has sido uno de esos. Hemos recibido testimonios a lo largo de los años: "Saqué las ideas del programa de Brian *La psicología del logro*, o *La psicología del éxito*, y tuve excelentes resultados". Los efectos se notan en todo lo que has hecho.

¿Qué te ha ayudado a tener éxito, no sólo para ser un gran orador, sino para lograr que las personas actúen para producir resultados en su vida, para tener ese tipo de influencia?

BRIAN

Mi secreto para tener éxito (si es que hay un secreto, porque yo no creo en los secretos) es que he investigado muchísimo, miles de horas, para tratar de descubrir por qué algunas personas tienen más éxito que otras. Todo el mundo tiene el deseo de alcanzar lo máximo de la forma más rápida y fácil posible, sin preocuparse en absoluto por las consecuencias secundarias.

A los 21 años leí un libro sobre el psicólogo Abraham Maslow; se trataba de una explicación de su obra. Básicamente decía que todo el mundo tiene el deseo de lograr su máximo potencial.

Un excelente maestro de metafísica escribió una vez que toda la frustración y la ira, toda la depresión y los problemas sociales, provienen del sentimiento profundo de que las personas tienen mucho más potencial del que están usando actualmente, y no saben cómo sacarlo. Es casi como si tuvieran una mina de oro bajo sus pies, o un pozo de petróleo en su granja, pero no tuvieran ni idea de cómo liberar su potencial, y por eso están frustradas y enojadas.

Cuando llegué, dije: "Mira, cada persona tiene cierta cantidad de potencial, así que ¿cuál es el punto de partida para sacarlo?"

El primer paso es darse cuenta de que está ahí, de que tienes más potencial del que puedes usar en 100 vidas. Hay millones, y ahora decenas de millones de personas en todo el mundo que pasaron de la miseria a la riqueza, que se han convertido en millonarios y billonarios en una sola generación. Lo que ellos hicieron también lo puedes hacer tú. Te mostraré lo que otras personas, que empezaron desde cero, frustradas durante largos periodos, hicieron para transformar su vida. Eso prendió el interruptor. Les abrió la puerta.

Solía decir que el éxito es como una cerradura con combinación, pero con más números. Como en las ventas, donde hay una combinación de siete pasos para cerrar el trato. Esto ha sido validado y verificado por entrevistas con decenas de miles de clientes, decenas de miles de conversaciones sobre ventas grabadas en video. Han desarrollado un proceso que, si cualquier persona normal lo sigue, logrará venta tras venta. Y no soy sólo yo; es IBM, y Xerox, y algunas de las mayores compañías del mundo. Han estudiado el proceso de ventas en video y por medio de entrevistas. Han descubierto que existe un proceso, que sigue siete pasos, y que si sigues de forma sistemática y ordenada estos siete pasos, acabarás teniendo el mismo resultado que otras personas han obtenido. He enseñado esto a más de dos millones de personas en todo el mundo.

Mi amigo Og Mandino me dijo una vez: "Brian, no hay secretos para el éxito. Sólo hay reglas y principios sencillos que han sido descubiertos y redescubiertos a lo largo de la historia de la humanidad. Todo lo que tienes que hacer es aprendértelos y practicarlos una y otra vez, y conseguirás los mismos resultados que las compañías más exitosas de cualquier industria o negocio". Y sorpresa, sorpresa, funciona. Para influir en las personas tienes que hacer una serie de cosas lógicas. Si lo haces de la forma correcta, entonces la gente estará abierta a tu influencia, querrá que tú le influyas, buscará tu orientación y tu guía. Su rendimiento será muy superior al que jamás habrías pensado, y obtendrás resultados mucho más allá de lo que habías recibido hasta entonces.

DAN

Brian, las palabras *influencia* y *persuasión* se utilizan mucho como sinónimos. ¿Para ti son dos conceptos idénticos o crees que la influencia tiene algunos elementos ligeramente distintos al simple hecho de persuadir a alguien?

BRIAN

Sí, creo que la influencia y la persuasión son parecidas, pero diferentes. Puedes tener influencia sobre la gente simplemente siendo un tipo determinado de persona. Por ejemplo, hablamos sobre la importancia de un modelo. Si una persona cree que tú eres un determinado tipo de persona, alguien con carácter, con lucidez, con convicción, entonces se verá mucho más influida por ti que si no creyera nada en absoluto, o si creyera algo erróneo sobre ti.

En el ámbito de la paternidad, sabemos que de 40 a 50% de los hábitos de los niños los desarrollan sus padres, y que tus hábitos determinan en gran medida tu éxito o tu fracaso en la vida. Sabemos que a los niños se les persuade e influye simplemente por la forma en la que sus padres se comportan entre ellos y con sus hijos. Alguien dijo una vez: "Lo más generoso que un hombre puede hacer por sus hijos es amar a su madre". Es muy sencillo.

Mi esposa y yo sabíamos eso cuando nos casamos. Leímos un montón de libros, comenzamos a enseñar sobre el tema, y mis hijos siempre me han visto respetar al máximo a mi esposa, Barbara. Tres se casaron (dos siguen casados, y desgraciadamente uno de ellos ya no), pero todos lo hicieron con personas a las que respetaban y que los respetaban, y todos se trataron con mucha consideración.

De los dos que siguen felizmente casados, uno tiene dos hijos y la otra tiene tres. Se llevan muy bien entre ellos; son los mejores amigos. Mi hijo está casado con una mujer encantadora, y mi hija está casada con un gran tipo. Cuando pasamos tiempo juntos, parecemos un grupo de mejores amigos con su familia política. Tratan a sus hijos con muchísimo respeto y nosotros tratamos a sus hijos con muchísimo respeto. Y todos esperan que las personas del sexo opuesto los traten bien, y ellos tratan bien a todos los demás. No persuaden, sino que influyen con el ejemplo. Ahí puedes ver la influencia por el ejemplo que, como has dicho, es bastante extraordinario.

Tom Peters, en su libro *En busca de la excelencia*, dijo que lo más importante que descubrió fue el poder de influencia que tienen los padres. Ellos pueden cambiar por completo la dinámica psicológica de un niño simplemente siendo un ejemplo, porque los niños ignorarán lo que dices. Puedes decirles: "Haz esto, haz lo otro, no hagas esto, no hagas eso otro", pero ellos observan todo lo que tú haces y lo absorben por la piel. Siempre se comportarán con la gente de su mundo de la misma manera en la que tú te comportas con la gente del tuyo, sobre todo con tu pareja. Si tratas a tus hijos con respeto, entonces ellos tratarán a los demás con respeto, y esperarán que se les trate igual. Si los tratas con respeto, ellos se creerán dignos de ser respetados, pero también tratarán a los demás como si fueran dignos de respeto. Es algo increíblemente maravilloso. Por eso tú, como modelo, tienes una influencia tremenda.

La persuasión es cuando puedes persuadir a alguien para que se comporte de una forma de la que no se habría comportado sin tu persuasión. Las personas hacen cosas por *sus* motivos, no por *tus* motivos. Por eso tu gran objetivo, al menos al principio de una conversación, pero también en el transcurso de ésta, es descubrir lo que las personas quieren y demostrarles que lo que las estás animando a hacer o a no hacer es la manera más rápida de lograr lo que ellas quieren.

DAN

Ésa es una gran distinción. Te lo agradezco. Solemos imaginar-
nos a las personas influyentes como muy carismáticas. ¿Crees
que hay una asociación muy fuerte entre la influencia y el carisma? ¿Cómo están relacionados estos dos conceptos?

BRIAN

Es una excelente pregunta. He escrito un libro titulado *El poder
del carisma*, que se ha publicado en todo el mundo; ha sido un
bestseller mundial; se vendieron decenas o centenares de miles de
copias. Ni siquiera puedo llevar la cuenta. Mi coautor fue Ron
Arden, quien dirigió 150 obras en los escenarios de Londres.
Cuando diriges una puesta en escena, eliges el libreto, que puede
ser de una obra de Shakespeare de hace 400 años, y seleccionas
a los actores para cada uno de los papeles, y después diriges la
obra para que resulte una nueva versión. El peor comentario que
puedes esperar de un crítico es: "Esta obra no es diferente de la
última versión del *Rey Lear* de Shakespeare".

Así que tienes que lograr que cada actor adopte un enfoque
ligeramente distinto. Debes conseguir que actúen de manera un
poco distinta para que sea una versión más interesante y diferente
de la obra que mucha gente ha visto ya muchas veces con diversos directores. En nuestro libro *El poder del carisma*, Ron y yo
hablamos sobre cómo puedes convertirte en una persona cálida y
emotiva para que le agrades a la gente y te vea como una persona encantadora, porque si alguien te considera encantador estará
mucho más abierto a que tú le influyas como persona. Una persona carismática es alguien a quien se le tiene cariño, que te influye,
que te agrada, por quien te inclinas. Si volvemos a la increíble

advertencia de Dale Carnegie en *Cómo ganar amigos e influir en las personas*, la clave para el carisma, o para ganar amigos e influir en las personas, es hacer que la gente se sienta importante. Nuestro libro tiene 35 capítulos sobre el carisma. Se trata de todas las pequeñas cosas que puedes decir en el transcurso de tu conversación con las personas para hacerlas sentir importantes.

A veces tiene muy poco que ver con las palabras en sí. Ni siquiera hace falta que digas nada; no tratas de impresionarlas; empleas lo que llamamos la *ley del esfuerzo indirecto*. Si quieres impresionar a alguien, la forma más rápida de hacerlo es que esa persona te impresione a ti. Si quieres caerle bien a una persona, la forma más rápida de hacerlo es que ella te caiga bien. Cuanto más te impresione alguien, y más valioso e importante te parezca, esa persona pensará más en ti como alguien carismático e interesante. Todo se remonta a la norma básica: ¿quién es la persona favorita de todo el mundo? Es uno mismo. ¿Y en quién piensa la gente la mayor parte del tiempo? Las personas piensan en sí mismas 99% del tiempo.

Alguien con dolor de muelas puede estar rodeado de muchísima gente, pero está pensando más en ese dolor que en todo el mundo a su alrededor, las noticias del día o lo que pasan en la televisión. Su muela ocupa 99% de su actividad mental.

¿Cómo demuestras ser carismático? Es muy sencillo: te interesas por los demás. ¿Cómo te interesas por los demás? Les haces preguntas sobre sí mismos, y después escuchas atentamente las respuestas, como si lo que estuvieran contando sobre sí mismos, sea lo que sea, fuera fascinante.

Si quieres que las personas queden fascinadas contigo, deja que ellas te fascinen. Les preguntas: ¿qué clase de trabajo haces?

Es toda una serie de preguntas, que deberían ser ilegales, porque son muy eficaces, pero dices: "Hola, me llamo Brian Tracy. ¿Tú cómo te llamas?" "Me llamo Dan Strutzel." "¿En serio? ¿Dan Strutzel?" Repites el nombre: "Dan Strutzel". "¿Qué clase de trabajo haces, Dan?" Y dices: "Mi trabajo consiste en grabar, escribir, editar y producir programas para alianzas nacionales e internacionales". "Vaya. ¡Santo cielo! ¿Y eso qué implica? ¿Qué clase de trabajo estás haciendo ahora en esa área?" Otra gran pregunta es: "¿Y cómo llegaste a trabajar en ese ámbito?" Y después escuchas, y sea lo que sea lo que te diga esa persona, te limitas a escuchar hasta que deja de hablar. Entonces, dices: "¿Y después qué hiciste?"

Así que puedes usar tres preguntas, y estas tres preguntas son casi como hacer girar tres anillos. Sigues haciendo estas preguntas. A las personas les encanta hablar sobre su vida laboral. Añadirán otra vuelta de tuerca; dirán: "Comencé así. Ahora estoy trabajando en esto y no salió bien, y por eso estoy pensando en hacer algo como esto otro". "¿Y después qué hiciste?" "Bueno, después llamamos a estas personas."

De vez en cuando harán pausas porque no están seguros de tu interés, de si simplemente estás siendo amable, o si les estás tomando el pelo. Así que inmediatamente dices: "¿Y después qué hiciste? ¿Y luego, qué más? ¿Qué consejo le darías a alguien que esté pensando en meterse en un sector como el tuyo?" O "¿cuáles han sido tus mayores influencias a la hora de meterte en este sector? ¿Cuál crees tú que fue tu mayor logro que haya tenido la mayor influencia en tu carrera?" Sigue preguntando una y otra vez sobre su carrera y sobre cómo empezaron, qué hicieron y todo eso.

Y después de 60 minutos puedes decir: "Muchas gracias. No quiero acapararte por si quieres hablar con alguien más, pero parece que tu vida es fascinante, y espero que podamos volver a hablar después". "Sí, por supuesto." Y entonces, esa persona se irá y dirá: "Es el hombre más encantador con el que he hablado jamás. Ese hombre es fascinante, es muy interesante hablar con él". Y tal vez le hiciste cinco preguntas en una hora. Es absolutamente sorprendente la gran influencia que puedes tener sobre una persona.

Si más adelante dices: "Me gustaría presentarte a un amigo", esa persona estará muy interesada. O si le llamas después y le dices: "Hablamos el otro día en el evento tal y tal. Tengo un amigo que estuvo hablando del mismo negocio en el que estás tú, y me preguntaba si podrías darle un poco de orientación, porque no está muy seguro". Esa persona te abrirá las puertas, porque en lugar de tratar de impresionarla, dejaste que ella te impresionara a ti.

DAN

Si pasamos de un ejemplo personal a ejemplos en el entorno laboral y en la política, has llevado a cabo un estudio detallado de algunos de los mayores líderes mundiales, desde directores generales hasta directores ejecutivos, pasando por empresarios y presidentes. ¿Qué papel desempeña la influencia en el gran liderazgo? Hay distintos tipos de líderes (introvertidos, extrovertidos, conceptuales, analíticos, activos, pasivos…); ¿cuál es su papel? Además, si tienes una personalidad distinta a la de quien dirige, ¿hay distintas formas de ejercer la influencia?

BRIAN

Antes dijimos que nadie puede tener influencia sobre ti a menos que haya algo que quieras de esa persona, algo que quieras que haga por ti o algo que *no* quieres que te haga. Si una persona no puede cambiar tu vida de ningún modo, entonces tendrá muy poca influencia sobre ti. Por ejemplo, imagínate que vas caminando por la calle. Hay un mendigo que claramente no está en su sano juicio, y se pone a gritarte cuando pasas por delante, pero le grita a todo el mundo que se le cruza. Esta persona no tiene influencia sobre ti, porque no hay nada que pueda hacer por ti, no puede ayudarte ni lastimarte de ningún modo.

Por lo tanto, sólo nos persuade o nos influye alguien si puede hacer algo por o para nosotros o evitar que se nos haga algo. Hablamos de las distintas formas de poder en una organización, y una de ellas es el *poder del cargo*. Una persona con poder en el cargo puede tener una influencia tremenda sobre nosotros, porque, repito, tiene el poder de hacer algo por o para nosotros, o evitar que nos hagan algo.

Por eso hay historias en las que se nombra a un jefe nuevo y siempre hay alguien que inmediatamente se pone a adularlo. El jefe llega el lunes por la mañana; las personas llegan temprano y están contentas de ver al jefe. Le llevan una taza de café y le preguntan: "¿Cómo puedo ayudarle? ¿Qué puedo hacer por usted? ¿Necesita algo?" O tratan de posicionarse inmediatamente. "Soy el mejor vendedor de la compañía, mis ventas son superiores a las de todos los demás, y ha sido así durante los últimos seis u ocho meses, por lo que suelo ser un factor decisivo a la hora de cubrir la cuota de ventas en esta oficina. Estoy deseando trabajar con usted."

Quieres congraciarte con el jefe, porque tiene poder, puede distribuir oficinas, puede darte el derecho a llevar distintos trajes, puede darte tiempo libre. Así que su poder del cargo es muy fuerte. Puede que nunca hayas conocido a esa persona; nunca la habías visto antes ni hablado con ella, pero tiene influencia sobre ti debido a su cargo. Ese cargo va unido al poder de hacer cosas por ti o en tu contra, de ayudarte o hacerte daño.

En la actualidad, los seres humanos están centrados en el propio interés. El nivel más profundo de interés propio es, en primer lugar, la seguridad. Uno quiere estar seguro, sobre todo en su trabajo. El segundo nivel es la protección. Cuando he asumido el mando de una compañía (y he asumido bastantes puestos de responsabilidad en los que me han llevado para ser el presidente) reconozco inmediatamente que todo el mundo reconoce que soy yo el que puede controlar quién se sienta en cada oficina, quién tiene según qué trabajo, quién va a las reuniones, quién tiene cada puesto asignado… Y yo reconozco que todos se disputan mi favor porque yo tengo la capacidad de ayudarlos o hacerles daño de algún modo. Es lo normal. Hay determinada parte de la influencia que proviene de tu cargo.

Otro tipo de poder en las organizaciones se denomina *poder asignado*. Es cuando se te reconoce como alguien muy bueno en lo que haces. Alguien a quien se le reconoce su gran valía suele ser la persona que atrae y mantiene la mayor cantidad de poder. Así que hay distintos tipos de poder, pero en cada caso es el poder que la persona cree que tienes para ayudarla o hacerle daño de algún modo, de ser beneficioso para ella o no de alguna manera.

DAN

Parecería que de esos dos tipos de influencia, la más duradera es el poder asignado, porque si por cualquier motivo te sacan de tu cargo, pierdes esa influencia. Pero si tienes poder asignado, es algo por lo que se te reconoce como inherente; básicamente, lo llevas contigo. ¿Dirías que eso es cierto?

BRIAN

Sí. Por ejemplo, hace poco hubo algunos cambios en las dinámicas presidenciales, y una de las semanas más increíbles en la historia de Estados Unidos fue después del 8 de noviembre de 2016. En este caso, había una cantidad de personas considerable, por lo menos unos 150 o 160 millones en los Estados Unidos, y cientos de millones, e incluso de miles de millones en el mundo, que estaban completamente convencidas de que el hombre que resultó elegido al final iba a perder estrepitosamente. Estaban absolutamente convencidas, así que hicieron planes; repartieron el poder que pensaban que iban a tener. Vendieron y publicitaron la influencia que creían tener, porque gozarían de poderosos cargos cuando entrara en vigor la nueva dinámica presidencial después del 8 de noviembre.

Al final del día, o muy temprano a la mañana siguiente, todo el panorama había cambiado por completo. Desde las 2:35 de la madrugada del 9 de noviembre todos los cálculos eran distintos, y una persona completamente inesperada, para la mayoría de la gente, era el actual presidente de Estados Unidos. Todo el mundo estaba en *shock*. Las dinámicas de persuasión e influencia del país completo, y de gran parte del mundo, habían cambiado radicalmente. La gente vacila; se echa para atrás; quienes antes tomaban abiertamente una postura, ahora estaban tomando abiertamente otra.

Fue algo digno de ver, porque todo el poder cambió de repente. En cuestión de horas, conforme la gente iba observando el mapa electoral, se dieron cuenta de que los sueños y las fantasías, y las esperanzas y deseos de 160 millones de electores habían cambiado de repente; cambiado para siempre, se habían esfumado. Las repercusiones de ese hecho durante al menos cuatro años de su vida, y sus carreras, y sus hogares, y sus trabajos, y sus puestos y sus posibilidades de ascenso, ingresos y todo… todo había cambiado por completo. Fue algo extraordinario.

Y puede suceder muy rápido. En el mundo empresarial actual hay compañías que se meten en problemas porque el director ejecutivo de turno tomó algunas malas decisiones que acabaron en enormes pérdidas. La junta directiva interviene y nombra a un nuevo presidente, quien a su vez elige a otras personas y de repente el resto de futuros poderes está fuera.

Toda la compañía es distinta, la dirige alguien nuevo, y es su gente la que encabeza todo. Ayer eras alguien con un cargo importante y una enorme oficina, con mucho personal y todo eso, y hoy no eres nadie. Tu capacidad de influir está desfasada, porque ya no puedes hacer nada a favor o en contra de nadie.

Mi amigo Dan Kennedy, un tipo muy inteligente del mundo del *marketing*, decía: "Ten cuidado por encima de quién pasas cuando vayas ascendiendo por la escalera del éxito, porque te estará esperando con la espada en alto cuando bajes". Ésta es otra gran frase de Dan: "En la vida, los amigos van y vienen, pero los enemigos se acumulan".

Son dos de los mejores comentarios que he oído. Pero si quieres hablar sobre influencia, tienes que ser el tipo de persona en el que la gente sabe que puede confiar al cien por ciento. Saben que todo lo que te digan —aunque no especifiquen "esto es estrictamente confidencial"— nunca se lo dirás a nadie; nunca se les regresará. Una parte interesante de la influencia es que las personas confían en ti. Creo que Peter Drucker dijo que en última instancia es la credibilidad, es la confianza. Cuanta más gente confíe en ti y le caigas bien, más puertas te abrirá. La primera pregunta que hace la gente es: "¿Se puede confiar en esa persona?"

DAN

En nuestra cultura, la confianza es casi un tipo de divisa, y es aún más valiosa, creo yo, debido al mundo en el que vivimos actualmente, con tantas mentiras dispersas por internet y gente tergiversándolo todo en las redes sociales. Ser de fiar es probablemente más poderoso que nunca en lo relativo a la influencia.

BRIAN

Todo lo que uno logra en la vida es gracias a alguien más. En cualquier punto de inflexión en tu vida va a haber alguien a tu lado. Puede que te abran una puerta, o que llames a alguien que, a su vez, llamará a alguien más, y ese alguien te abrirá una puerta. Por eso, tu reputación es lo más importante para tu carrera. Theodore Levitt, de la Harvard Business School, escribió un libro titulado *The Marketing Imagination* hace muchos años, y ese libro es todo un clásico. Es una lectura obligatoria en esa escuela, y por un buen motivo, ya que tiene muchísimas observaciones interesantes sobre el liderazgo.

Una de las cosas que dijo fue que la integridad, o la reputación de una compañía, es su activo financiero más valioso. Decía así: "Los productos y servicios pueden ir y venir, los directivos pueden ir y venir, los informes financieros pueden ser buenos o malos dependiendo de la época, pero la reputación, que son las palabras que la gente usa para describir tu compañía, se quedan, permanecen casi como una constante. Es como el tejado y las paredes de tu casa: puedes cambiar los muebles, la iluminación y el color, pero el esqueleto básico sigue siendo el mismo. Ésa es tu reputación".

Las compañías deben tener mucho cuidado con todo lo que hagan que pueda afectar su reputación de algún modo. A mi público he empezado a preguntarle: "¿Cuál es el factor más importante que determina tus ventas y tu rentabilidad?" La respuesta es la calidad de tu producto. Ésta determina tus ventas y tu rentabilidad mucho más que cualquier otro factor. Es lo que la gente dice sobre tu compañía y tus productos en el mercado después de haberlos consumido, o a veces incluso antes. El 85% de los motivos por los que la gente compra un producto es el boca a boca. Alguien en el mercado compró y usó el producto y habló bien de él. "Es un buen producto. Es genial. Es fantástico."

¿Entonces qué dice la gente a tus espaldas? Todo el mundo tiene un lugar en la mente y en el corazón de otras personas. Todo el mundo en tu compañía tiene una idea de quién eres tú. Pensamos en Dan, pensamos en Brian, pensamos en Vic, pensamos en alguien más, e instantáneamente vemos la imagen de esa persona. Pensamos en las interacciones de esa persona con nosotros, pensamos en lo que hicieron y en lo que no. Todos estos pensamientos se unen y cristalizan en una idea única sobre esa persona, y eso determina si les compramos, si nos reunimos con ellos, contestamos a sus llamadas, los ascendemos, les prestamos atención, los respetamos... cualquier cosa.

Otra regla que enseño es que todo cuenta. Si todo cuenta, entonces todo lo que dices o no dices, todo lo que haces o no haces respecto a la experiencia del cliente... todo cuenta. Así que tienes que preguntarte cuál es tu reputación como persona, cuál es la reputación de tu compañía, cuál es la reputación de un producto específico. Por ejemplo, en McDonald's, una Big Mac tiene una reputación distinta a la McFish o a la de una ensalada o a la de las papas a la francesa. Cada uno de esos productos tiene una reputación muy clara, y eso va a determinar sin lugar a dudas si las personas los compran por primera vez o no, si los vuelven a adquirir o si les hablarán de ellos a sus amigos.

DAN

Así que para desarrollar la habilidad de la influencia debes prestar mucha atención a mejorar tu reputación. Entonces, cualquier aspecto que le comuniques a alguien, sea para conseguir una venta, hablar con tus hijos sobre valores morales o relacionarte con tu pareja, será mucho más eficaz cuando domines esta habilidad de la influencia. De otro modo, puedes estar hablando todo el día, pero no por ello estás logrando llegar a nadie.

Hablemos concretamente sobre los principios o los pasos esenciales para que la habilidad de la influencia se convierta en una forma habitual de pensar y actuar. El título de este libro es *La ciencia de la influencia*.

Una ciencia como la biología produce resultados fiables, repetibles y predecibles; Brian, con este tema de la influencia, ¿según tu experiencia, existen algunos pasos o principios que consideres anclados de ese mismo modo? El libro *Influencia*, de Robert Cialdini, otro clásico, y otros libros ofrecen principios o pasos clave que, si pusieras en practica, serían un gran paso para iniciar en el ejercicio de esta habilidad de la influencia.

Brian, ¿podrías nombrar algunos principios específicos de influencia y describir cómo alguien puede convertirlos en una forma de pensar y actuar? A lo mejor podrías nombrar el libro de Robert y hablar sobre las importantes reflexiones de su obra tan fundamental.

BRIAN

El libro de Robert es increíble. Hablemos de algunos de sus conceptos más conocidos. El primero es la *ley de la reciprocidad*. Si haces algo por mí o para hacerme daño, yo siento que debo regresártelo. Si haces algo bueno por mí, entonces yo querré hacer algo bueno por ti. Si pagas la comida, yo querré pagarla la próxima vez. A veces, si pagas la comida, yo querré pagar la próxima cena. A veces no hay un grado real de reciprocidad, ya que una persona hará mucho, mucho más que la otra.

A veces la gente habla sobre sembrar y cosechar, porque siempre que actúas bien para los demás siembras semillas que los predisponen a hacer cosas buenas por ti. Si te ofreces a prestarle tu cortadora de pasto o tu carro a alguien, o te ofreces a recoger algo o llevarlos a algún lugar, estás creando en él un deseo de reciprocidad; siente que te debe un favor. Aproximadamente a 95% de los seres humanos no le gusta sentirse obligado hacia los demás, y por eso busca la forma de devolver el favor. Ése es el motivo por el que las personas más inteligentes siempre están buscando formas de hacer pequeños favores a los demás.

Ayer vi todas las películas de *El Padrino*, ocho horas seguidas. Habla de cómo este tipo llegó como un inmigrante y trabajó en un barrio italiano y ayudó a la gente. Ayudó a una abuelita que necesitaba un lugar para su perro y su gato, e hizo algunas cosillas por el barrio y se ofreció a ayudar a la gente. Después, regresaba y decía: "Yo te ayudé en esto; ¿me podrías ayudar en esto otro?" Y lo hacían. Enseguida había desarrollado una red de favores, y cuando terminó, controlaba a la mitad de los jueces de Nueva York. En todos esos casos, había hecho algo bueno por sus hijas cuando se casaron, o los había ayudado con alguna ley, o un proyecto de ley, o con algo de apoyo económico.

Tenía a toda esa gente en el bolsillo porque decía: "Yo te haré este favor, y puede que en algún momento en el futuro te pida uno y tú también me ayudarás". Se sobreentendía que si el Padrino hacía algo bueno por ti, en algún momento del camino podría pedirte algo; puede que sí o puede que no. Y esta idea de reciprocidad lo convertía en el hombre más poderoso de Nueva York.

Siempre que puedas hacer algo bueno por alguien, hazlo, ofrécete a ayudarlo, aunque sean actos pequeños: ofrécete a recoger algo de la tienda, ofrece el uso de tu automóvil o tu casa, o incluso un préstamo temporal. Son las pequeñas cosas como ésas las que crean una predisposición a devolverte el favor cuando llegue el momento. Según los estudios sobre el poder, las personas más influyentes, las que tienen más influencia en aquellas sobre las que no tienen control, han hecho cosas por ellas, las han ayudado. Estas personas, a cambio, en lo más profundo de su mente, están predispuestas a ayudarlas.

Otra forma se denomina *desencadenante de esperanzas y sueños*. Si puedes averiguar que una persona tiene unos sueños y esperanzas determinados que está tratando de alcanzar, puedes ayudarla a lograrlo. Hace poco me encontré con una mujer que tenía una amiga en la universidad. Esta última necesitaba apoyo para un examen, y la mujer la ayudó y gracias a eso aprobó (de otro modo, no lo habría logrado). Más adelante, la hija de la primera mujer estaba en esa universidad y quería que la transfirieran a la capital. Y dijeron: "No, no hay forma de hacerlo. Es un sistema de universidades del gobierno, y a su hija le toca aquí, a más de 800 kilómetros de la capital".

La mujer llamó a su amiga y le dijo que estaba teniendo ese problema, y la amiga dijo: "Conozco a alguien que conoce a alguien que conoce a alguien". Acudieron ante alguien de la oficina de registro, y el funcionario movió algunos papeles por ahí y consiguió que la hija fuera transferida desde esa lejana universidad a la de la capital, y ella quedó entusiasmada. Así que si ayudas a las personas a lograr sus sueños y esperanzas, ellas te ayudarán a ti a lograr los tuyos.

Otro proceso de influencia psicológica se denomina *compromiso y constancia*, y dice que las personas empiezan con muy poco o ningún compromiso ante cualquier tipo de causa, pero poco a poco, paulatinamente, cachito a cachito, pueden desarrollar un compromiso.

Un ejemplo es una campaña política. Un militante recorre las calles preguntando: "¿Colocaría una enorme valla publicitaria en su propiedad a favor de este candidato?" El aludido responde: "No, no, no. No lo conozco" o "eso quedaría fatal en mi jardín". Y entonces el militante dice: "Bien, ¿y no le importaría poner una pequeña insignia con el lema 'Apoye a Joe para el ayuntamiento'?" Y el vecino dice: "Claro". Y la pone, y después de dos semanas regresa el militante y comenta: "La campaña está yendo muy bien. ¿Le importaría poner un cartel un poco más grande con el lema 'Apoye a Joe'?" "No." Dos semanas después, vuelve el militante y dice: "¿Sabes? Estás logrando cambiar la situación. Eres un ciudadano ejemplar, estás ayudando a la gente de la comunidad, estás mostrando tu postura. ¿Te importaría poner una valla publicitaria?" "En absoluto."

Al cabo de seis semanas, el tipo tiene una valla publicitaria en su jardín en apoyo a Joe. Su primera reacción fue un no absoluto, un mil veces no. Sin embargo, con el tiempo, un poco de aprobación y un poco de reafirmación, y un poco de demanda, ha hecho un gran compromiso. Ésa es la razón por la que puedes empezar pidiéndole a la gente una pequeña contribución y después te darán una contribución mayor, y luego una aún más grande.

Otro poderoso método de influencia se denomina *prueba social*. Este método se refiere a otras personas que apoyan tu posición. Ésta se considera como una de las más poderosas de todas las influencias. Dices: "¿Le importaría apoyar esta causa en particular?", o "¿le importaría comprar este producto específico?" La persona contesta: "No, no, no me interesa. No me lo puedo permitir, no lo quiero y no lo necesito". Entonces, tú dices: "Bueno, ¿sabe que su mejor amigo, el del edificio de al lado, ya lo compró, ya apoyó y contribuyó y dijo que como usted es tan buena persona era muy probable que también lo apoyara?" Entonces, responde: "Ah, mi mejor amigo, el tipo con el que fui a la escuela, bueno, vaya, si dijo que él lo apoya, entonces yo también". Así que has logrado un giro de 180 grados gracias a alguien más que conoce esa persona.

Por eso hay muchas compañías que usan personalidades del deporte para anunciar sus productos: la gente que respeta a ese deportista sentirá que el producto, el servicio o la causa es una buena idea.

Dicen que Michael Jordan ha generado más de mil millones de dólares en ventas por aparecer en una cancha de basquetbol. No le hace falta hablar; se limita a botar el balón, *boing, boing, boing*. Después lanza el balón y encesta, y el comercial dice: "Michael Jordan, tenis Nike. *Just do it*". La gente le preguntaba: "¿No te sientes culpable por cobrar todo ese dinero, año tras año?" Y él respondía: "En absoluto. Si no estuvieran vendiendo muchos más tenis de lo que me pagan en regalías, entonces no lo harían. Es una simple decisión empresarial. Pero mi nombre es tan respetado entre quienes compran los tenis de Michael Jordan que ahora los llaman Air Jordan. Con el simple hecho de que yo bote el balón y use el calzado les basta para vender cientos de millones de dólares en tenis".

Así que con esta idea de prueba social, muchas personas que se oponen totalmente a un tipo de acción cambiarán de opinión 180 grados simplemente si se les dice que alguien que conocen y respetan ya lo está haciendo, o se ha ofrecido a hacerlo también. Éstas son formas muy poderosas de influir en las personas, diciendo: "Ah, ¿sabías que tal persona está haciendo esto, o tal otra está contribuyendo, o esa otra está involucrada?"

Otra forma de influencia se denomina *autoridad*. La autoridad es muy poderosa. Es cuando pareces una gran autoridad en la comunidad y te comportas como tal. Por ejemplo, un médico recomienda un medicamento. Tú dices: "El doctor tal, el médico de mi esposa, lleva años en este sector, y recomienda esto a todo el mundo de nuestro sector", o "le recomendó esto a mi esposa. Bueno, si un médico lo ha recomendado…"

Hay otro factor de influencia muy poderoso que aparece en la investigación. Supongamos que hay un hombre gravemente enfermo, convencido de que va a morir, y se ha rendido. Ya dejó de luchar, no hace nada por resistir. Como sabes, aproximadamente 50% de la medicina moderna es placebo, así que si crees que vas a morir, probablemente estés en lo cierto. Entonces consiguen un médico y le dicen al paciente: "¡Tenemos buenas noticias! La mayor autoridad del país sobre tu afección médica va a venir hoy a nuestro hospital, y ha accedido a verte y hablar contigo, y a darnos su opinión sobre tu enfermedad".

Entonces entra el experto. Es un actor, pero va vestido de médico, lleva una bata blanca, un estetoscopio, la historia clínica y todo lo demás. Le hace un conjunto de exámenes médicos, y le dice al otro médico: "Doctor, me gustaría hablar con usted", y sale con él al pasillo. Están fuera durante cinco o 10 minutos, y después el médico del paciente regresa y dice: "¡Increíble, tengo unas noticias estupendas! Este médico (que nunca se equivoca) dice que acaba de alcanzar el punto de inflexión de su enfermedad. De ahora en adelante va a comenzar a sentirse cada vez mejor, y en un par de semanas estará fuera del hospital y de vuelta a su vida normal". "No sabe lo feliz que me hace oír eso. ¿En serio lo cree?" "Por supuesto. Se trata del mayor experto en el país, y nunca se equivoca con sus diagnósticos. Si dice que se va a poner bien y va a salir de este hospital en dos semanas, siempre tiene razón." Ésta es una forma muy poderosa de prueba social y autoridad.

Otra es la imagen y las apariencias, y como trabajo en ventas y *marketing* hablo con miles de personas. De hecho, el mes pasado fue el más exitoso de mi carrera: logré obtener 18 compromisos en un mes en aproximadamente 12 países de Europa, Medio Oriente, Asia... de todas partes, y en públicos de mil o dos mil personas. Algo que aprendí muy pronto fue la importancia de la vestimenta y las apariencias.

Uno de mis clientes me habló de una persona muy conocida a la que habían traído para que diera un discurso. Esa persona era muy arrogante. Se puso pantalones de mezclilla, una camiseta y tenis para hablar ante un público de unos 800 dueños de negocios. Salió, y soltó sus ideas de manera muy ostentosa, como si fuera un gran genio y su público fuera mediocre. No hizo ningún esfuerzo para impresionarlos. Se sentó en un taburete, como si estuviera sentado en un bar de mala muerte, y movía los brazos y hablaba sobre lo inteligente que era y cuánta experiencia tenía. Tenía 29 años y la media de edad de los empresarios del público era probablemente de 45 a 50.

Mi cliente dijo que era totalmente incongruente. Dijo que esta persona no hizo ningún esfuerzo por vestirse como un empresario, por hablar como tal, por tratar al público como si fueran empresarios altamente capacitados, que lo eran, algunos incluso los mejores de la ciudad. Me comentó: "La diferencia entre él y tú es como la noche y el día. Tú te ves increíble, pareces salido de una revista de modas, por lo que cuando te paras a hablar, la gente piensa: 'Esta persona sí que sabe de lo que habla' ".

Esto es un problema en la actualidad. Muchos crecieron durante los años noventa y la primera década del siglo XXI. En esa época hubo un gran auge tecnológico. La gente iba a trabajar en camiseta interior y ganaba millones de dólares. Así que empezaron a pensar: "Aunque no tenga éxito, también puedo vestirme como un vagabundo". Pero de lo que no se dan cuenta es de que las personas que se visten como vagabundos ya tenían éxito desde antes, habían ganado millones de dólares en capital de riesgo, tenían Mercedes-Benz en los estacionamientos subterráneos, y por eso podían vestirse como querían.

Pero la mayoría de las personas hoy en día no se han ganado el derecho a vestirse con ropa informal, porque no han tenido éxito en nada. Por eso no las respeta nadie, ni siquiera sus pares. Salen por ahí con sus amigos de la oficina.

En Nueva York descubrieron que las compañías dejaban vestirse así a sus empleados con dos condiciones. La primera es que se queden en la parte de atrás de la oficina, porque no tienen ningún futuro en las oficinas centrales. No quieren que sus clientes los vean. En segundo lugar, lo hacen a cambio de un aumento en sus salarios, de modo que, en lugar de pagarles más, les permiten tener un viernes informal, o un viernes diferente, o como quiera que lo llamen. Les permiten vestirse con ropa más informal, pero con la limitación de que no les pagan más.

Eso lo puedes encontrar en las oficinas en Silicon Valley, donde van a trabajar con ropa informal, pero siempre que reciben la visita de un banquero aparece un traje, una corbata o un cuarto para cambiarse. Inmediatamente van a arreglarse y se ponen traje y corbata para reunirse con los banqueros y los capitalistas de riesgo. Sólo pueden volver a usar sus horribles prendas en cuanto éstos se marchan.

A muchos jóvenes nunca les han dicho esto, pero si quieres tener éxito, debes vestirte igual que las personas exitosas. Echa un vistazo a las revistas de negocios, ojea *Forbes* y *Fortune*, *Business Week* y vístete de la misma manera que los altos ejecutivos que aparecen en esas publicaciones; vístete como si fueras uno de ellos. De este modo, comenzarás a atraer a gente hacia ti. Querrán estar a tu alrededor, querrán hablar contigo, querrán saber sobre ti, porque te verás como una persona exitosa; ya se sabe, Dios los cría y ellos se juntan.

Éste es uno de los rasgos más importantes que hemos descubierto: la imagen y las apariencias. Recuerda que todo lo que haces o te ayuda o te hace daño. Todo cuenta, todo añade y aumenta tu credibilidad o va en su contra. Por eso hay que tomar una decisión.

DAN

Brian, ¿existe algún estudio, o algún avance, respecto al trabajo de Robert Cialdini, sobre las nuevas investigaciones psicológicas, la programación neurolingüística (NLP, por sus siglas en inglés), el lenguaje corporal, la neurociencia…? ¿Existe algún descubrimiento moderno que se haya relacionado también con una mejora de la influencia sobre los demás? ¿Podrías comentar algo que hayas aprendido hace poco sobre ese tema?

BRIAN

Sigo a *The Wall Street Journal*, *Business Week*, *Forbes*, *Fortune* y muchas otras publicaciones sobre negocios, como *Inc.* y *Entrepreneur*. Érase una vez un joven que cuando creciera decidió que quería tener éxito en los negocios. Su padre era un empresario y estaba suscrito a estas revistas. Por eso, cuando el hombre era adolescente, comenzó a leerlas y a recortar las fotos y las biografías de la gente. Creó una especie de álbum de recortes de los presidentes de GE, *Forbes*, General Electric o de General Motors. Los convirtió en sus íconos, y mientras otras personas coleccionaban tarjetas de jugadores de beisbol y fotos de cantantes pop, él armaba pequeños resúmenes de la vida de estos empresarios. Leía los periódicos y recortaba pasajes que hablaban de sus logros, de las divisiones que habían creado y de sus ascensos.

Comenzó a alimentar su mente con las fotografías de empresarios exitosos. Leía sobre ellos y sobre sus antecedentes y sus universidades, sobre sus intereses, cómo jugaban golf o tenis. Comenzó a imaginarse a sí mismo siendo una de estas personas y a modelarse a su imagen y semejanza. Y entonces ocurrió lo increíble: cuando se graduó de la universidad, consiguió un trabajo en una empresa situada en la lista de *Fortune 500*, de entre las últimas, pero había estado investigando estas compañías, incluida ésa, y sabía mucho sobre ellas, y se sintió atraído por los altos ejecutivos que lo orientaron y se ocuparon de él. A los 35 años había dado un salto de unos 20 años en su carrera. Era vicepresidente *senior* de una compañía situada en la lista de *Fortune 500*, muy respetado entre sus pares; se vestía con estilo profesional; se arreglaba como un profesional; se comportaba como tal y leía todos los artículos y libros en especial sobre lo que se podía hacer para ser más respetado y tener más influencia. Decía que desde que era adolescente se había enfocado en entrar a la sala de juntas. A los 40, era el presidente de una compañía situada en la lista de *Fortune 500*. Dijo que lo más importante fue que se había moldeado con el ejemplo de esas personas influyentes. "Me fijaba en lo que hacían, en su estilo de vida, en sus trajes y sus prendas."

Yo sugiero lo mismo. Cuando comencé a vender inversiones a los 24 o 25 años, un hombre mayor me apartó del grupo y me dijo: "Brian, ¿te molestaría si te doy algunos consejos sobre tu forma de vestir?" Yo venía de una familia pobre y mi ropa era barata. Tenía un traje, pero era un traje confeccionado por un sastre paquistaní que llevaba un forro de cartón, y se doblaba por la mitad. Era horrible. Me dijo: "Tienes que usar trajes con la longitud de mangas correcta, y también con la bastilla adecuada, y todo lo demás".

Aún me acuerdo de sus consejos. Cuando terminó conmigo, yo había tirado la poca ropa que tenía. Me llevó a un sastre, que tomó mis medidas y me confeccionó un traje que me quedaba como un guante. Creo que costaba algo así como el triple, o 400 o 500% más que un traje normal, pero se veía precioso. Además, hizo que me confeccionaran camisas a juego con el traje, y consiguió corbatas a juego con la ropa nueva, y después zapatos que combinaban con los pantalones, y calcetines negros, a los tobillos y no hasta la pantorrilla, y un cinturón de cuero negro, y un pañuelo para el bolsillo del saco, y todo eso. Al final, me veía como alguien muy exitoso.

Yo seguía visitando a la misma gente, haciendo presentaciones de planes financieros y fondos de inversiones, pero mis ventas durante los dos años siguientes subieron 10 veces. Me presentaron a sus amigos y a sus clientes, y éstos me abrieron algunas puertas. Podían estar felices y orgullosos de presentarme a alguien, porque me veía bien, y yo lo sabía.

Miraba a otras personas a mi alrededor, tanto más jóvenes como mayores que yo, que parecían pobres. A veces se olvidaban de rasurarse, a veces usaban zapatos que se veían como si les hubiera pasado un carro por encima. Su ropa no combinaba, sus corbatas no tenían la longitud adecuada para sus camisas ni sus chaquetas, y los trajes eran de tiendas de segunda mano. La vestimenta no fue lo único que me ayudó, pero paso a pasito fui subiendo cada vez más. Me trataban de manera distinta y me abrían puertas, y me invitaban a comer a sus clubes, y me ofrecían cargos. Una cosa llevó a la otra. El simple hecho de verme bien tuvo un efecto increíblemente profundo en mi vida. La gente no se da cuenta de que 95% de la primera impresión sobre los demás es la apariencia externa.

La gente dirá: "No deberían juzgarme por mi apariencia externa", pero aquí intervienen dos factores. En primer lugar, eres *tú* quien decide cómo es tu apariencia. Tú eliges tu ropa y tu aseo para presentarte ante el mundo: "Aquí estoy yo. Éste soy yo. Ésta es la persona que soy. Tómame o déjame, pero esto es lo que hay. Lo que ves es lo que hay". Y haces *tu* elección. Así que si decides verte como una persona pobre, no puedes echarles la culpa a quienes te juzgan por la forma en la que tú les has pedido que te juzguen.

Lo segundo es que tú evalúas a todos los demás del mismo modo: juzgas a todo el mundo por su apariencia externa. Dirás: "Uy, no, yo soy bastante neutral. Esperaré a conocer su personalidad y su carácter". No es cierto, porque no tienes tiempo. En la mayoría de los casos catalogamos a la gente en cinco segundos. Las primeras impresiones son duraderas. Juzgamos a otras personas; disponemos de cinco segundos, y todo cuenta. Así que si vas a salir a vender y visitar a gente, y, como yo, te dedicas al *telemarketing*, no puedes permitirte dar una mala primera impresión. No puedes permitirte que esa persona te rechace y no quiera saber nada más de ti. Al menos tienes que evitar hacer daño, como dicen los médicos, al menos no te hagas daño.

DAN

Cierto. Así que si no nos vestimos adecuadamente, si eso le resta valor a nuestro mensaje, a nuestra capacidad de influir, entonces seremos menos eficaces. Hay que vestirse bien para mejorar tu capacidad de influir.

Capítulo 2

Las 10 mejores cualidades de las personas influyentes

DAN

Brian, ya le hemos presentado a la gente un resumen de algunos de los principios más importantes sobre la influencia. Hemos hablado de por qué debería estar interesada en este tema, y de los beneficios que recibiría en su vida. Asimismo, hemos conversado sobre los principios básicos de la influencia. Hablemos ahora de las 10 mejores cualidades de las personas influyentes.

Aunque éstas provienen de diversos estratos económicos y orígenes, y cuentan con distintas razas, géneros y personalidades, comparten 10 cualidades únicas. Si eres consciente de que tienes que mejorar tu nivel de influencia en el trabajo, en casa o en tu comunidad, y no estás seguro de dónde empezar, no hay nada mejor que aprenderse estas 10 cualidades. El interés es el primer paso para el cambio positivo; tú siempre has hablado de eso. Y todo el mundo que tiene éxito en algo comienza por poner en práctica los mismos recursos y métodos que le han funcionado a alguien que ha triunfado en cierta empresa, como ya dijimos.

Brian, en esta sesión me gustaría ofrecerle a la gente un esquema básico al que pueda acudir en cualquier momento sobre las cualidades que tiene en común la mayoría de las personas influyentes. Por eso repasaremos cada una de estas habilidades y después describiremos lo más importante sobre ellas y daremos algunas ideas sobre cómo pueden desarrollarlas en relación con la influencia.

Hay una diferencia esencial entre las ideas abstractas y las ideas factibles. Con estos 10 factores, yo daré la idea o el principio abstractos. Después, Brian lo retomará y lo llevará a un paso factible que tú, lector, puedes aplicar y que hará la diferencia en tu vida y en la de los demás.

Aquí va la primera: las personas influyentes son grandes comunicadores.

BRIAN

Cuando nos referimos a buenos comunicadores, estamos hablando tanto de la comunicación de uno a uno como en grupo. Peter Drucker dijo que los ejecutivos disponen de tres herramientas. Una es la conversación de tú a tú. La segunda es en grupos pequeños, conversaciones entre dos o tres personas, en la que interactúas con dos o tres personas distintas. Y la tercera es la presentación, en la que estás de pie haciendo una presentación.

Existe un estudio de hace 50 años llevado a cabo en Harvard por el doctor Edward Banfield sobre la movilidad socioeconómica ascendente: ¿cómo ascienden los ingresos de una persona a lo largo de los años de su carrera? ¿Cómo se puede aumentar la tendencia, de manera que en lugar de acrecentar tus ingresos

5 o 10% al año, los aumentes 10, 20, 40 o 50%? Todo esto se verá determinado por la influencia que tengas sobre otras personas. Banfield descubrió que las personas exitosas piensan en el futuro con una antelación de cinco o 10 años y hacen grandes sacrificios a corto plazo para poder tener recompensas mucho mayores en el largo plazo.

Te daré un ejemplo muy sencillo. Un amigo mío se mudó a Estados Unidos como inmigrante, y no hablaba ni una palabra de inglés. Fue a una pequeña universidad en Carolina del Norte, y consiguió un trabajo de lavaplatos. Ganaba 100 dólares al mes, y tenía un cuarto pequeño. Alguien le dijo: "Si quieres tener éxito en Estados Unidos, compra un bien inmueble al año". Vivía en una gran ciudad, Charlotte, Carolina del Norte, en donde las propiedades cuestan una fortuna, y él no estaba ganando nada. Le decían: "Aléjate de Charlotte; vete a una ciudad pequeña. Una ciudad que esté creciendo; con el tiempo acabará por hacerse grande".

Se alejó 40 kilómetros, 120 kilómetros. Encontró una ciudad pequeña con algunos terrenos edificados y compró uno por 25 dólares; esto fue en los años sesenta y setenta. Tenía que pagar un dólar al mes, o algo así, lo que constituía una gran parte de su sueldo como lavaplatos, pero pudo hacerlo, y adaptó sus ingresos. Trabajó más y comenzó a lavar también sartenes y ollas, y al año siguiente compró otra propiedad.

Hizo esto año tras año desde los 16. Compró una propiedad cada año, y cuando el bien inmueble se revalorizaba, lo vendía, o lo alquilaba, o construía más. Y conforme el valor de las propiedades aumentaba, él fue adquiriendo más conocimientos e inteligencia. Su última gran adquisición fue en Georgia, y era un centro comercial por un valor de 350 mil dólares. En la actualidad tiene mucho dinero; es presidente de una gran universidad y de una corporación nacional. Pero la idea era ir consiguiendo una pequeña propiedad al año, de acuerdo con sus posibilidades, y trabajar todo ese tiempo para ir pagándola. Hay cosas que debes hacer que tienen lo que se llama *porvenir a largo plazo*.

En cuanto a convertirte en un gran comunicador, una de las decisiones más inteligentes que puedes tomar es unirte a Toastmasters, que es un taller en el que los participantes perfeccionan su oratoria, o unirte a cualquier asociación de oradores. Toastmasters es buena, al igual que Dale Carnegie, porque te enseñan a hablar frente a un público, a pararte y comunicarte con otras personas. Te enseñan a iniciar conversaciones; a entablar amistades e influir en la gente.

En Toastmasters te explican cómo pararte frente a la gente y dar una pequeña charla, y con el tiempo acabas desarrollando la capacidad de hablar con habilidad frente a los demás. Lo más maravilloso es que cuanta más confianza adquieres al hablar de pie, más confianza adquieres para hablar con personas en grupos pequeños. En seis meses eres capaz de hablar con mayor confianza y fluidez con personas o grupos pequeños, y debido a la ley de la atracción, tendrás oportunidades de hablar para otros más grandes. Alguien te preguntará: "¿Te importaría hablar con el Ayuntamiento de esto, o con la asociación de jubilados de esto otro?", y tú dirás que sin problema.

Después de un tiempo se te conocerá como un orador con la confianza suficiente para hablar en público. Así, se te presentarán más personas y se te abrirán puertas. La gente te invitará a sus clubes y asociaciones. Tendrás más oportunidades sociales.

Estas personas te contratarán y te ascenderán, y te recomendarán a otras. Pero hace falta tener una mirada a largo plazo para pensar en un futuro de cinco o 10 años y comenzar a tomar cursos en la actualidad para aprender a ser un buen comunicador.

Y puedes leer libros sobre comunicación, como el de Robert Cialdini sobre la influencia; puedes leer los de Dale Carnegie o Earl Nightingale o las obras de otras personas reconocidas por ser grandes comunicadores. Puedes escuchar programas de audio de famosos comunicadores y aprender de ellos a iniciar una conversación, a ser gracioso, interesante, persuasivo y demás.

Elbert Hubbard fue uno de los mejores escritores de la historia de Estados Unidos. Fue un escritor tan productivo que llegó a fundar su propia compañía editorial. Yo tengo algunos de sus libros. Escribía series completas de 10, 12 o 14 libros sobre las guerras napoleónicas o cosas así con muchísimos detalles. Tuvo que montar su propia compañía editorial porque no podía confiar en los editores individuales. La gente se le acercaba y le decía: "Señor Hubbard, ¿cómo puedo convertirme en un escritor de éxito como usted?" Él respondía: "La única forma de aprender a escribir es escribir sin parar". Y entonces se reían a carcajadas. Después, decía: "La única forma de convertirse en un buen orador es hablar sin parar".

No puedes convertirte en un gran comunicador si te quedas sentado en tu casa viendo la televisión. Tienes que salir y hablar, tienes que unirte a asociaciones y organizaciones, tienes que ir a sus reuniones de manera constante, tienes que presentarte ante las personas, hablar con ellas, pararte y hacer comentarios y darte a conocer como un comunicador, porque así se te abrirán más puertas.

En la National Speakers Association, de la que soy miembro, he hecho esta broma: "Cuando te paras y hablas bien frente a las personas, éstas piensan que eres más inteligente de lo que eres". Es algo que hay que recordar: si puedes pararte, hablar bien y hacer comentarios inteligentes, o incluso apoyar el argumento de otra persona, la gente creerá que eres mucho más inteligente de lo que eres en realidad, y las puertas se te abrirán prácticamente como una ley del universo.

Lo increíble sobre las habilidades de comunicación es que pueden aprenderse. Puedes aprender a ser un excelente comunicador. ¿Cómo se aprende a hablar? Pues hablando sin parar.

La segunda cualidad de las personas influyentes es que son sinceras. Siempre dicen la verdad, pero eso no significa que sean maleducadas. Yo tenía un buen amigo que era sincero y honesto, pero carecía de diplomacia; si pensaba que había algo bueno o malo en alguien, lo criticaba. Y luego decía: "Sólo estoy siendo sincero". Yo le decía: "No, no estás siendo sólo sincero; estás siendo maleducado y hieres los sentimientos de la gente". "Bueno, no voy a mentir". Yo le decía: "No tienes por qué mentir, pero puedes mantener la boca cerrada".

Benjamin Franklin hablaba sobre cómo transformó su personalidad por completo. Durante muchos años fue alguien muy directo; incluso agresivo. Discutía con la gente con violencia, y pensaba que lo más importante en una conversación era ganar: si vas a tener una conversación, deberías ganar. Un día, alguien lo apartó del grupo y le dijo: "Mira, es mejor caer bien que tener razón". Nadie le había dicho antes algo así. Él pensaba que si eras inteligente y elocuente, entonces tenías razón. El otro hombre le dijo: "No. ¿Qué importa si la otra persona está equivocada, sobre todo si se trata de un asunto insignificante? Sólo déjalo, déjalo libre".

Así que Benjamin Franklin, en lugar de contradecir a la gente, le decía: "Es un punto de vista interesante. ¿Por qué piensas eso?" En lugar de discutir con la gente, se abría y comentaba: "Me gustaría que me contaras lo que piensas sobre este asunto, para poder entenderlo mejor". Decía que era increíble lo rápido que la gente cambió de ser su adversaria a ser su amiga. Le decían: "Te voy a explicar esto, y lo otro, y te enseñaré un libro que leí al respecto", y comentarios así.

Benjamin Franklin descubrió que muchas veces sus ideas estaban completamente equivocadas, y que había otras mucho mejores de personas más inteligentes. Aprendió a ser tan abierto y flexible que se convirtió en uno de los hombres más populares e influyentes de las Trece Colonias. Dicen que su carácter juicioso, concienzudo y amistoso fue un factor esencial para la formación de la Unión Americana. Los debates que propiciaron la Declaración de Independencia se llevaron a cabo gracias al buen juicio y carácter de Benjamin Franklin, y a que era un excelente comunicador.

Yo era así; estaba decidido a ganar en cualquier conversación. Sin embargo, a mí me resultó de gran ayuda decir: "De ahora en adelante, nunca me pronuncio cuando está claro que tengo razón. Siempre pregunto: '¿Y qué pasa con esto, o con esto otro? ¿Qué piensas de esto? ¿Y de eso otro?'" Le pido a la gente que explique lo que piensa, y escucho las respuestas atentamente.

DAN

Brian, actualmente esto es muy pertinente; es la verdad dicha con gracia y comprensión. Hoy en día pasa demasiado, sea en política, en programas de televisión por cable o en línea... sólo hay personas gritándose unas a otras. Piensan: "Eso es ser sincero y honesto. Estoy planteando mi punto de vista, y cuanto más convincente sea, más eficaz será". En realidad es como tirar algo a cañonazos, cuando lo que hay que hacer en verdad es entregar el mensaje con gracia y comprensión. Sigues diciendo que hay que ser honesto y real, pero de una manera más elegante. Creo que en la actualidad ése es un mensaje muy importante.

BRIAN

Sí, nunca hay que desafiar a la gente. Yo solía cometer ese error. Decía: "Puede que hayas pensado sobre ello, pero no tienes razón". Descubrí que lo peor que puedes decirle a alguien es que está equivocado, porque hace que pierda todo el interés. Pero incluso cuando la otra persona está equivocada, si no la desafías, puede echarse atrás en su postura.

Hay una frase maravillosa que dice: "Un hombre a quien convencen a su pesar, sigue teniendo la misma opinión al final". Incluso aunque ganes la discusión con pruebas abrumadoras, sigue sin cambiar la opinión de la otra persona; simplemente no les caerás bien. Y es sorprendente el modo en el que una persona en un momento crítico puede tener una influencia negativa en tu futuro. Puede entrar en el juego y decir: "Ésta es mi oportunidad de vengarme de este tipo".

Imagínate que quieres solicitar un préstamo. Alguien puede decir: "Bueno, yo no diría que era deshonesto, porque no tengo pruebas contundentes, pero tampoco diría que era honesto". Son esas pequeñas cosas las que pueden hundirte.

DAN

Sí. Absolutamente. Entonces, los dos primeros principios son: las personas influyentes son grandes comunicadores y las personas influyentes son sinceras. El tercero es que las personas influyentes se orientan hacia los objetivos. Háblanos un poco de eso, y de que no se trata sólo de deseos, sino de ser totalmente específico sobre lo que se aspira a conseguir.

BRIAN

Cuando tenía 24 años descubrí los objetivos. Estaba durmiendo en el suelo de un dormitorio pequeño, que compartía con alguien más. Leí un artículo en un viejo periódico o una vieja revista que decía: "Si quieres tener éxito, debes tener objetivos". Agarré un pedazo de papel y escribí 10 objetivos, pero perdí el papel y el artículo. Sin embargo, me acordaba de los objetivos, porque escribí unos ridículos. Diez días después los había logrado todos. En ese momento ganaba unos 100 dólares al mes que me permitían simplemente sobrevivir, así que escribí un objetivo para ganar mil dólares al mes. Como encontré una nueva forma de vender, una nueva manera de empezar las llamadas y una nueva técnica de cerrar las ventas, acabé ganando mil dólares al mes.

Después me ascendieron a gerente, porque era el mayor vendedor de la compañía, y tenía que capacitar y dirigir a todos los demás. De repente, mi vida empezó a transformarse; todo sonaba *ding, ding*, y en un mes había cambiado. Me emocioné con lo de los objetivos, así que compré un cuaderno y empecé a escribirlos, y a elaborar listas de pasos que podía hacer para lograrlos. Después comencé a revisar la lista y a hacer algo cada día para alcanzar esos objetivos.

Dicen que la felicidad es la materialización progresiva de un ideal o un objetivo notable. En otras palabras, siempre que te sientas avanzando paso a paso hacia algo que es importante para ti, te sientes mejor, tienes más energía, eres más creativo, más eficaz. Y escribir tus objetivos y trabajar para lograrlos te conviertes en una persona más positiva e influyente, porque es casi como un barco jalando de un montón de otros barcos; comienzas a jalar a todo el mundo para que avance. Y cuando empiezas a trabajar y a lograr un objetivo, comienzas a lograr otros. Cuando logras los demás objetivos, empiezas a tener más energía y confianza, lo que hace que quieras establecer otros tantos.

Entonces, cuando comienzas a fijar objetivos y a trabajar para lograrlos y haces progresos, te sientes cada vez más feliz. Y las personas felices son mucho más influyentes que las negativas o las neutrales, por lo que una manera maravillosa de tener más influencia es establecer objetivos muy claros. Una persona que sabe lo que quiere, trabaja en ello todos los días y tiene la sensación de ir progresando es mucho más influyente e impresionante que otra que simplemente deja la vida pasar. Entras en la oficina. Tienes el día planeado y estás preparado y listo para ir a trabajar. ¡Vaya! La diferencia es grande.

Por eso animo a la gente a que establezca objetivos. Yo cada vez me pongo más de éstos. Actualmente soy un autor de *bestsellers* mundial; he sido traducido al menos a 22 idiomas sobre cómo establecer y lograr objetivos. Un sinfín de personas de todo el mundo me ha dicho que mis obras sobre fijar objetivos (audios, videos, libros...) las han hecho ricas. Estuvieron yendo sin rumbo durante años hasta que leyeron el libro o escucharon el programa de audio. Siguieron las instrucciones. Su vida se transformó: sus ingresos subieron, cambiaron su hogar y adelgazaron. Su vida completa se transformó profundamente.

Una de las maneras más rápidas de conseguir confianza en uno mismo es hacer una lista de todos los objetivos que quiere lograr. Haz una lista de 10 objetivos que te gustaría alcanzar el año próximo, y después hazte la siguiente pregunta: "¿Cuál de todos los objetivos, si fuera a lograrlo, tendría el impacto más positivo en mi vida?" Después, repasa la lista y elige un objetivo. Imagínate que ese objetivo está garantizado y escríbelo en otro trozo de papel, y después anota todo lo que puedes hacer para lograrlo. Luego pregúntate: "De todas las cosas que puedo hacer para alcanzar ese objetivo, ¿cuál sería la más útil?"

Así ya tienes tu objetivo y tu actividad más importantes. Llevas a cabo la actividad más significativa y trabajas en ella todos los días. Para mí esto es algo muy profundo; ya llevo décadas haciéndolo; te cambia la vida de una forma impresionante. Si lo haces, notarás la diferencia casi inmediatamente. Y cuando empiezas a trabajar en tu objetivo, comienzas a atraer a tu vida a más personas, circunstancias, ideas, energía para ayudarte a avanzar hacia el objetivo y para que éste se acerque a ti. Es lo más maravilloso de todo. Por eso, las personas influyentes se orientan hacia los objetivos, y no es posible imaginarse a un líder sin objetivos.

DAN

Brian, la número cuatro —y creo que hoy en día ésta es muy importante— es que las personas influyentes están bien informadas. Hace muchos años, cuando se le preguntó a Sarah Palin qué publicaciones leía, no se le ocurrió ninguna. Eso influyó en la forma en que la gente la veía, además de en su capacidad de influir en los demás. La idea de estar bien informado de todo está presente, pero también la de estar informado sobre tu profesión en particular. ¿Puedes hablar un poco de eso?

BRIAN

Actualmente, la información se duplica a un ritmo de dos o tres veces al año. Se calcula que 90% de todas las personas que han llevado a cabo alguna investigación o publicación están vivas y en activo. Al comenzar a escribir libros en 1989 se publicaban unos 240 mil anuales. En la actualidad se publican más de cinco millones de libros al año, y son publicados por algunas de las personas más inteligentes y mejor informadas de su campo. Cada una de estas personas tiene algo que decir. A veces no es profundo, pero otras lo es bastante. Algunos de los libros que se escriben hoy en día son absolutamente hermosos, con unas perspectivas maravillosas que pueden ayudar a ahorrarse 10 años de arduo trabajo.

Así que si no lees ni te mantienes informado constantemente, no estarás al día, te quedarás atrás. Es casi como estar en una caminadora: si está en marcha, y tú no avanzas con ella, cada vez te vas más atrás. Si la caminadora acelera, que lo hará, tienes que mantener la velocidad para seguir su ritmo.

Éste es un punto muy importante. Leo unas 30 revistas al mes; leo tres o cuatro periódicos al día. Escucho programas educativos en el carro, cd o programas de Audible en mi iPhone. Veo dvd educativos y también televisión educativa. Consumo unas tres horas de información al día. Para llegar aquí al estudio tardo unos 40 o 45 minutos, y otros 45 de regreso. Eso hace un total de una hora y media. Me levanto por la mañana y leo unas dos o tres horas. Hoy leeré después. Leo los fines de semana. En un vuelo de ocho horas leo y tomo notas durante cinco horas. Al seguir leyendo, estoy desarrollando nuevo contenido intelectual.

Llevo escritos ya 80 libros, y lo hice sin notas. Me siento, despejo mi escritorio, lo ordeno todo, tengo un sistema, y después escribo. Uno de los libros es de 280 páginas, otros a veces son de 340 o 150, pero los escribo de principio a fin sin notas, porque toda la información está en mi cabeza.

Un estudio reciente descubrió que las personas acomodadas leen una hora al día o más y sólo ven una hora de televisión. Pasan el resto del tiempo en actividades sociales o familiares, entre otras. Las personas acomodadas escuchan programas de audio, libros o literatura de no ficción en su carro. Yo soy un fanático de la lectura.

Charlie Munger, que es amigo personal de Warren Buffett y ha escrito un par de libros realmente interesantes, dijo: "Si no vas a seguir leyendo, no tienes oportunidad en el siglo xxi". Para tener éxito en la actualidad necesitas lo que él llama "aprendizaje profundo", para lo que necesitas tomarte el tiempo de profundizar en el tema, y eso no se logra revoloteando por los pequeños retazos de información que aparecen en internet. Hay que tomarse el tiempo para leer libros; tienes que profundizar mucho en un tema para poder mantenerte al día.

Un día estuve hablando con un cliente en Eslovenia. Es el principal orador de ese país. Otro amigo mío es el mejor orador en polaco de Polonia, y otro es el mejor orador en húngaro de Hungria. Todos son mis estudiantes. El de Eslovenia habla muy bien inglés, y por eso estábamos hablando de varios libros, y me hablaba sobre *Influencia* de...

DAN

Robert Cialdini.

BRIAN

Hablas de este libro o de ese otro y así... se conoce a todo el mundo de estos libros. Yo los he leído, él los ha leído. He hablado con mis amigos y ellos los han leído en su idioma. Estas personas están bien informadas; leen constantemente. Si no lees con frecuencia, si no actualizas tus habilidades y conocimientos de manera constante, básicamente significa que no tienes futuro, que vives con tiempo prestado. Dicen que Warren Buffett pasa 80% de su tiempo de cada día leyendo. Va a trabajar, se desconecta de todas las interrupciones, agacha la cabeza y se pasa alrededor de 80% del tiempo leyendo. Cada tanto, revisa sus llamadas de teléfono, mensajes y algunos correos electrónicos. No se mete en las redes sociales. No mira nada. Sólo lee todo el tiempo. Por eso puede tomar decisiones de 10, 15, 20 mil millones de dólares que todo el mundo considera brillantes.

Estar bien informado es importantísimo, y además te da mucha más confianza. Cuando estás perfectamente bien informado y vas a cualquier reunión de negocios, eres una persona por completo distinta que si no lo estás. Hace muchos años me aprendí una frase que nunca olvidaré. Dice que el poder está del lado de quien posee la mejor información. *El poder está del lado de quien posee la mejor información.*

Si vas a una reunión y la otra persona tiene mejor información que tú, es ella la que tiene el poder. No dejes nunca que pase eso. Haz tu tarea. He hablado con muchas personas, y les digo: "¿Y qué me dicen de esto? ¿Y qué me dicen de esto otro? No puedo tomar una decisión porque no he tenido la oportunidad de investigar lo suficiente, así que va a tener que esperar".

DAN

La siguiente cualidad está relacionada con el hecho de estar bien informado: las personas influyentes están bien preparadas. No es sólo el hecho de que estén informadas, sino que tendrán que hacer una presentación, deberán repasarla muchas veces para estar bien preparadas. ¿Te gustaría hablar de eso?

BRIAN

Sí. Enseño a dar discursos a nivel profesional, a hacer presentaciones y también ventas. Todo se trata de preparación. Las personas más exitosas en cada campo están profundamente preparadas.

Hace poco me operaron la espalda. El médico es uno de los mejores cirujanos de espalda del país. Todos los médicos y las enfermeras en clínicas y hospitales lo conocen. Dicen: "¿Cómo lo conseguiste?" Se prepara a conciencia, revisa el historial, las radiografías, las resonancias magnéticas y las tomografías. Repasa todas las peculiaridades de la espalda antes de empezar con la cirugía.

Por eso confío tanto en él. Puede decirme exactamente cuánto tiempo va a pasar para superar este punto, en qué momento podré reducir los analgésicos, en qué punto desaparecerá el dolor, cuándo me sacarán esto y demás. Está muy bien informado. Cualquier profesional, sea un abogado, médico, arquitecto o ingeniero, está bien preparado cuando se mete en algo importante.

Esto lo aprendí hace muchos años de un profesional muy bien pagado, cuando dije: "Siempre me preparo de más". Él me contestó: "Brian, no creo que ese concepto sea real". Ahí fue cuando me di cuenta de por qué estaba en lo más alto de su campo, de por qué era una de las personas mejor pagadas y más respetadas en su ámbito.

Ése ha sido mi principio rector, y lo enseño una y otra vez: incluso aunque te hayas preparado 100 veces, hazlo una vez más. Uno nunca sabe. Un pequeño detalle puede darte una ventaja.

DAN

Eso es genial. Entonces, Brian, como ya dijiste, cuando ves eso en alguien más, te da muchísima confianza, porque ves lo bien preparado que está.

La sexta es muy interesante. Yo la he formulado así: a las personas influyentes les gustan más las personas que los aparatos, es decir, que prefieren interactuar que esconderse detrás de los dispositivos digitales. Esto es algo complicado en la actualidad. Creo que mucha gente piensa que puede arreglárselas simplemente enviando correos electrónicos. Puede esconderse tras una pantalla, como el Mago de Oz, e influir en la gente desde la distancia. Háblanos de esta idea, sobre la importancia de estar mano a mano y de disfrutar de las personas y conectar directamente con ellas para ser influyente.

BRIAN

Sí. A las personas influyentes les gustan más las personas que los dispositivos. Una gran debilidad de nuestra sociedad actual es que la gente se distrae demasiado con ellos; las llamamos *interrupciones electrónicas*. Es un problema grave; podría hablar de él durante horas. Cada vez que te permites una interrupción electrónica, te cuesta 18 minutos volver al trabajo.

Muchas veces empiezo un seminario preguntando: "¿Cuál es su bien más preciado?" Tu bien más preciado es tu capacidad para ganar dinero; la gente te pagará por tu capacidad de hacer trabajo. Entonces decimos: ¿qué trabajo haces? La respuesta es que tienes que vender cosas, porque cualquier negocio se basa en las ventas y el *marketing*; se trata de vender algo a la gente para poder ganar más dinero y así poder tener más éxito. Si te escondes detrás de un correo electrónico, si te pasas todo el tiempo revisándolo, entonces no puedes terminar ningún trabajo. Todo éxito en la vida se basa en la culminación de proyectos. Los proyectos tienen un comienzo, una mitad y un final. Se terminan y pasan a la siguiente fase. Con las interrupciones electrónicas no terminas, te interrumpen.

Las interrupciones electrónicas pueden aumentar la cantidad de tiempo que se tarda en hacer un trabajo aproximadamente 500%. En lugar de tardar 100 minutos, te costará 500 minutos hacer un trabajo, porque no paras de ir y venir.

En la actualidad se les denomina *screenagers*, término acuñado por la contracción de los vocablos *screen* (pantalla) y *teenager* (adolescente). Se les puede ver caminando por la calle. La gente va andando con sus auriculares, escribiendo. Choca contra los postes, o va hacia los carros y la atropellan. Actualmente hay una ley en Honolulu que se denomina "Ley contra caminar distraído": no se puede caminar mirando y tecleando en el celular; tienes que apagarlo mientras caminas, de la misma manera que se hace al manejar.

Cada vez que te distraes, el cerebro recibe una descarga de dopamina. Es la misma que recibes cuando se oye sonar una campana. Alguien escribió hace poco un estudio que decía que oír el *smartphone* o estar disponible en el correo electrónico es como estar parado frente a una máquina tragamonedas en un casino. Cuando suena, hace *ding-ding-ding*. Cuando tu teléfono suena, hace *ding-ding-ding*, y desencadena la respuesta: "Uy, ¿qué habré ganado? Gané algo". Debido al refuerzo intermitente, piensas: "A lo mejor es un amigo, a lo mejor es un pariente, puede que sea una broma de uno de mis compañeros".

Te darás cuenta de esto cuando estés teniendo una conversación con alguien y suene el teléfono. Dejas de hablar inmediatamente, te das la vuelta, lo revisas y miras a ver si alguien quiere algo. Después, una descarga de dopamina te recorre el cerebro y piensas: "He ganado algo, *ding-ding-ding*". La gente pasa todo el día oyendo sonar sus dispositivos, ya sea el teléfono o su correo electrónico.

Yo enseño a la gente a enfrentarse de manera totalmente distinta a las interrupciones electrónicas.

En primer lugar, no hay que revisar el correo electrónico antes de las 11 de la mañana. En segundo lugar, en cuanto lo revises, ciérralo y apaga el celular. Vuélvelo a revisar a las tres o cuatro de la tarde. Algunos dicen que sólo hay que revisarlo tres veces al día, a las 10 de la mañana, a la una y a las cuatro de la tarde. Nada más. Después, lo apagas. Y déjalo así para que no suene. Ni siquiera lo dejes en la habitación.

Nunca entres a una reunión, sea de lo que sea, con tus interrupciones electrónicas. Déjalas afuera en tu escritorio. La mayoría de las personas no toma notas en las reuniones. Están totalmente centradas en enviar mensajes. No puedes tener dos pensamientos a la vez, así que si estás distraído con los mensajes, no puedes pensar en lo que está pasando en la reunión.

Si estás en una reunión con una sola persona, no hay nada más despectivo que estar ahí devolviendo mensajes mientras la otra persona está hablando. No recuerdas nada de lo que dijo, no estás prestando atención al mensaje, y es una total pérdida de tiempo. Por eso tienes que aprender a desarrollar una forma de manejar el correo electrónico, y eso implica apagar los dispositivos y dejarlos así. Revísalos dos o tres veces al día como máximo, y después mantenlos apagados.

Por lo menos déjalos en silencio para que no te distraigan de tu trabajo. Recuerda: todos los éxitos en la vida laboral vienen de terminar tareas, y si dejas encendidas tus interrupciones electrónicas nunca podrás terminar ninguna, y si esto sucede, nunca te ascenderán.

La carrera de muchas personas está viéndose saboteada por esta adicción al sonido de los dispositivos. Los dejan encendidos, porque esa pequeña dosis de dopamina les da para arriba, y la dopamina es la misma droga que se encuentra en la cocaína. Así, la gente obtiene esas pequeñas descargas de cocaína cada vez que se oye un timbre, y de pronto no puede parar. Puedes detenerte en la mañana, siempre y cuando no lo enciendas. Pero en cuanto lo haces y recibes el primer sonido, entras en el juego; estás atrapado durante el resto del día.

DAN

El séptimo principio es que las personas influyentes son muy íntegras. Háblanos del poder de la integridad, y de la influencia negativa que tiene el hecho de ser hipócrita.

BRIAN

Probablemente la integridad es la cualidad más importante para tener éxito en los negocios y en la vida. El 85% de nuestro éxito en la vida se basa en nuestras relaciones, y éstas se basan en la confianza. Si no se tiene, entonces no hay relación, por lo que la integridad lo es todo. Las madres dicen que siempre hay que decir la verdad. Yo digo que, en primer lugar, uno tiene que vivir con la verdad, ser sincero con uno mismo, y después vivir con la verdad frente a los demás.

Y hay que ser una persona íntegra. Earl Nightingale dijo que a la hora de la verdad, la integridad es la cualidad más importante. En términos generales, la mayoría de la gente es bastante honesta. Pero si alguien te está hablando y tú no lo escuchas, sino que sólo haces como que lo escuchas, eso no es un acto de integridad; es deshonesto. Una de las peores cosas que puede pasar es que alguien te diga algo y tú no lo captes. Que sólo captes la mitad del mensaje y llegues a una conclusión a medias, y tomes la decisión de hacer algo que es incorrecto con base en la información que tenías. Así que la integridad significa que tienes que escuchar a la otra persona con paciencia, absolutamente, al cien por ciento, y dejar a un lado todo lo demás.

DAN

La octava cualidad es que las personas influyentes tienen buenos modales. Por favor, háblanos de la importancia de este aspecto.

BRIAN

Bueno, volviendo a la influencia, a la confianza, la sinceridad, al hecho de si la gente no sólo aceptará tu influencia, sino que te recomendará a otros... los buenos modales te abrirán todas las puertas. Si te fijas, todas las grandes familias de Europa, las mejores familias de los Estados Unidos y en todas las culturas educan a sus hijos con buenos modales. Éstos son muy, muy estrictos, y los niños luchan contra ellos cuando son pequeños. Pero tus modales son parte real de tu cultura, por lo que cuando creces te atraen hombres y mujeres con el mismo bagaje cultural que el tuyo, porque significa que comen y cenan correctamente y demuestran buenos modales.

Recuerdo una vez que salí con una chica de adolescente. Sus padres la habían inscrito a un curso de un año sobre buenos modales a los 16 años. Allí, a las jovencitas (y también a muchos jovencitos) les enseñaban a poner la mesa y preparar una comida, a servir té y café y a saludar a la gente cuando entraba… todos esos pequeños detalles. En cuanto aprenden todo esto y lo aprenden con otros grupos de personas, se les queda de por vida.

A partir de ese momento, las únicas personas con las que se relacionaban era con aquellas con buenos modales, personas cuyos padres las habían educado con excelentes maneras o las habían enviado a las mismas escuelas. Por eso pienso que es muy importante que los padres se aseguren de que sus hijos crezcan con buenos modales y sean siempre amables y digan "por favor" y "gracias". He viajado por 80 países y he descubierto que con sólo aprender *hola, ¿cómo estás?, por favor* y *gracias* puedes recorrer cualquier país del mundo.

Esa información se puede obtener de la primera persona con la que te cruces en el aeropuerto o puedes conseguir un libro de frases y simplemente usar esas palabras (*por favor, gracias, ¿cómo estás?, buenos días, buenas tardes* y similares); eso es todo lo que necesitas. *Por favor* y *gracias* son palabras absolutamente maravillosas. Si las usas, en cualquier parte del mundo la gente te sonreirá, te abrirá las puertas y te ayudará.

DAN

Sí. Eso está muy bien. La número nueve es que las personas influyentes tienen una gran actitud. La *actitud* se explica casi por sí misma. Se trata un poco del carisma, pero háblanos del poder que tiene la actitud para influir sobre alguien más.

BRIAN

La actitud es superimportante. Earl Nightingale dijo que la palabra más importante del idioma es *actitud*, porque es lo primero que la gente siente en ti. Napoleon Hill comenzó su libro *Piense y hágase rico* destacando la importancia de una actitud mental positiva, y la mejor definición de una actitud mental positiva que he oído jamás es que se trata de una respuesta positiva al estrés. Tu vida está llena de todo tipo de altibajos y dificultades, pero lo ideal es que te mantengas positivo y de buen humor como respuesta al estrés. Busca el bien y la lección valiosa de cada situación. Pasa por encima de los problemas y las dificultades. Para combinar todas estas sugerencias, sé siempre amable. De ese modo podrás llegar hasta la otra punta del mundo, siendo agradable, amable, positivo y alegre.

DAN

La número 10: las personas influyentes perseveran cuando se enfrentan a dificultades. Háblanos de la importancia de la tenacidad.

BRIAN

Dicen que la persistencia, la insistencia y la perseverancia son las cualidades más importantes para lograr el éxito, porque la vida está llena de problemas; la única cuestión es cómo respondes a ellos. A mis veintitantos me topé con un montón de investigaciones psicológicas y metafísicas que me enseñaron algo que nunca he olvidado. Era sobre la preprogramación mental, y decía que es posible preprogramarse mentalmente de la siguiente manera: puedes decidir perseverar sin importar lo que vaya mal, y siempre lo harás.

Ante un retroceso, tienes que decidir con bastante antelación. Dices: "Cuando tenga un retroceso o una dificultad, sea lo que sea, siempre responderé de forma positiva. Rebotaré en lugar de romperme". Como solía decir mi amigo Charlie Jones: "No se trata de lo lejos que te caigas, sino de lo alto que rebotes". Y esa decisión la tomas con antelación: "No importa lo que pase, nunca me rendiré", y de ahí en adelante nunca lo harás.

Es increíble: la razón por la que la gente se da por vencida es porque ha decidido hacerlo. Cuando mis cuatro hijos eran pequeños, yo les decía: "Una cosa que sé de ti, Michael, o Christina, o David, o Katherine, es que nunca te rindes. Nunca te rindes". Ellos me respondían: "Oye, ¿y cómo lo sabes? ¿Qué pasa si tengo muchos problemas?" Yo les decía: "Sí, puede que pienses eso, pero no es cierto. Nunca te rindes. No eres el tipo de persona que se rinde". ¿Y sabes qué? Los cuatro son ya adultos, y nunca se rinden. Nunca se les ocurre rendirse. Es como si formara parte de su genética: nunca se dan por vencidos; siempre son positivos. Así que tú mismo puedes decidir: "Nunca me rindo", y desde ese día nunca lo harás.

Di: "Nunca me rindo. Nunca me doy por vencido. Siempre soy positivo. Siempre respondo de forma positiva. Siempre estoy preparado antes de meterme en cualquier cosa". Hazlo al menos una vez, y tu subconsciente lo aceptará como una orden, y entonces se convertirá en un principio operativo en tu vida.

También puedes decidir no tener emociones negativas. A la gente se le enseña a creer que tanto las emociones negativas como las positivas son partes normales y naturales de la vida; si tienes unas, tienes las otras. Algunas personas tienen más de unas que de otras. Si tienes emociones negativas, tienes positivas, y si tienes positivas, tienes negativas. Es normal, como respirar.

Sin embargo, yo he aprendido que esto no es cierto, es una decisión. Puedes decidir no ser negativo y decir: "No, no tengo emociones negativas".

Una cosa más: puedes decidir no tener resfriados. La gente no se daba cuenta de eso, y esto me dejó sorprendido mientras estudiaba esta escuela de pensamiento.

Ya has oído que mucha gente me pregunta en las entrevistas: "¿Qué haces cuando estás deprimido?" o "¿cómo respondes si estás triste?" Yo respondía: "Nunca estoy deprimido. Nunca soy negativo". Entonces, encontraba a otras personas que parecían ser positivas todo el tiempo y les preguntaba: "¿Has tenido alguna vez un problema por ser negativo?" Me respondían: "No, nunca soy negativo". "¿Y qué pasa cuando todo se pone en tu contra?" "Nunca soy negativo." Tomaron la decisión de nunca ser negativas.

Cualquiera que lea esto puede tomar la decisión de perseverar siempre ante las dificultades, de no ser nunca negativo, de siempre seguir adelante, de prepararse siempre, de nunca tener resfriados, y de ser siempre una persona positiva. Sólo tienes que tomar la decisión una vez y se queda anclada. De ahí en adelante, ni siquiera tendrás que preguntártelo. En cualquier situación en la que exista la posibilidad de sentirse negativo, algo en tu subconsciente se activará de inmediato y esa sensación desaparecerá.

Capítulo 3

Influyentes impostores

DAN

Antes de abordar estrategias más específicas para desarrollar influencia y sus aplicaciones en distintos ámbitos de la vida, tenemos que hablar de lo que *no* es la influencia. Es probable que no haya ninguna área de la vida en la que la aplicación negativa de las ideas de las que estamos hablando pueda hacer mayor daño a los demás, porque a menudo hay personas muy influyentes que usan sus habilidades con fines muy narcisistas y destructivos. A esas personas, o a esos medios de comunicación como la televisión o los videojuegos, les llamamos *influyentes impostores*. Suelen pretender que lo hacen por nuestro beneficio, pero en realidad trabajan de manera directa contra el tipo de influencia positiva y mutuamente beneficiosa del que está hablando Brian aquí. En cuanto hayas identificado a los influyentes impostores en tu vida, tu camino hacia el éxito, la felicidad y la realización será mucho más ligero.

Brian, una de las cualidades que siempre he valorado en ti es que trabajas muy duro para presentar ideas sobre el desarrollo personal que está demostrado que funcionan, sea cual sea el nivel de trabajo que se necesite para llevarlas a cabo. No te da miedo decirle la verdad a la gente, que no hay un atajo hacia el éxito, que tener éxito conlleva mucho trabajo, y que la gente debería huir de quienes le ofrecen algo a cambio de nada.

Esto nos lleva a la discusión sobre los influyentes impostores, o lo que es lo mismo, qué no es la influencia positiva. Cuéntanos la diferencia entre la influencia positiva, ser íntegro a la hora de influir en las personas para aconsejarles lo que realmente necesitan, y la influencia negativa, que podríamos llamar manipulación, que las engaña y les dice lo que quieren oír para el beneficio de alguno que otro egoísta.

BRIAN

Comencé a trabajar en este tema hace muchos años. Cuando estudiaba economía, psicología y filosofía, descubrí que una gran debilidad del ser humano es eso, yo lo llamo el *factor O*, el factor oportunista. La gente busca la manera más fácil y rápida para conseguir lo que quiere sin preocuparse demasiado por las consecuencias a largo plazo.

Investigaciones recientes demuestran que el cerebro humano no se desarrolla por completo hasta los 25 años, y con eso me refiero que comienza a pensar a largo plazo en ese momento. Hasta esa edad, el cerebro humano está orientado a corto plazo (gratificación inmediata o placer a corto plazo). El futuro es muy borroso, vago, no es tan importante. Sólo después, entre los 25 y los 27 años, las personas comienzan a establecer objetivos a largo plazo.

Yo tenía 24 o 25 años cuando descubrí los objetivos por primera vez, y pensé que me había muerto y estaba en el cielo. No podía creer lo poderosos que son los objetivos. Sería lo mismo que estar manejando por el campo en un país desconocido sin encontrar jamás el rumbo y entonces descubrir los mapas de carreteras y aprender a usarlos. En cuanto aprendí a usar los objetivos, pensé: es increíble, se puede progresar mucho más, mucho más rápido, con mayor facilidad y predictibilidad.

Los jóvenes se dejan engañar muy fácilmente por los influyentes impostores. Éstos son personas y situaciones —radio, televisión, periódicos, millonarios como Mark Zuckerberg— que les hacen creer que la forma de tener éxito es encontrar un truco.

Estaba impartiendo un programa de *coaching* en San Francisco, y había unas 10 o 12 personas. Les estaba cobrando muchísimo dinero para reunirse conmigo una vez al mes cada tres meses para hablar de sus negocios y su futuro. Dos o tres de ellos eran personas del mundo de los negocios que se lo tomaban muy en serio y estaban tratando de construir negocios a largo plazo. Los demás se lo tomaban más o menos en serio, y hablaban del truco en el que estaban trabajando.

Una mujer me habló de su sitio web. Iba a desarrollar uno —más bien, una aplicación— y a volverse multimillonaria. Yo le dije: "¿En serio? ¿Y para qué va a servir?" "Va a enseñar a las mujeres a conseguir mejores recursos y combinarlos para conseguir mejores empleos, y después verificar cuál de esos trabajos es el adecuado para ellas." Yo le comenté: "Parece bastante complicado". Y ella me dijo: "Uy, sí, pero basta con contratar a un par de ingenieros, decirles qué es lo que quieres que hagan y lo harán". "¿Y cómo les va a pagar a esas personas?" "Pues le das a cada uno una participación."

"¿Cómo va todo?", le pregunté. "Aún no va bien; apenas lo estoy echando a andar. De momento tengo la idea, pero espero tenerlo en marcha y estar ganando unos cuantos millones de dólares anuales ya para el próximo año." Y eso que era una mujer universitaria; era del este del país. Le dije: "¿En serio?" "Uy, sí, sólo hace falta montar la aplicación y subirla, y como hay tantos celulares, no supondrá ningún problema." Yo le comenté: "Bueno, sabes que hay muchas más personas tratando de desarrollar otras aplicaciones". "Uy, sí, pero mi idea es infinitamente superior a la de los demás. Hay tantas mujeres que, en cuanto esté terminada, la mitad de la población femenina la comprará." "¿Por qué?" "Porque todo el mundo quiere conseguir mejor información sobre su trabajo y su carrera." Dejé pasar el asunto, porque pensé que estaba viviendo en una nube, y por supuesto, al final yo estaba en lo cierto.

Actualmente hay más de un millón de emprendedores que viven en su casa y trabajan solos o con sus amigos para desarrollar la próxima aplicación extraordinaria. Esta cifra se compara con la cantidad de granjeros. Hay más personas trabajando en casa y pensando que van a desarrollar una aplicación arrolladora y volverse ricas que granjeros trabajando en todos los cultivos de los Estados Unidos. Así es como muchos jóvenes se ven poseídos por lo que se denomina influyentes impostores.

De hecho —y he leído muchos estudios al respecto—, se necesitan de siete a 10 años de arduo trabajo para que un emprendedor con un nuevo negocio se haga millonario por primera vez. La media de todos los millonarios hechos a sí mismos es de

22 años para lograrlo. Pero son personas que trabajaron sin parar año tras año, y después de 22 años trabajando, su contador les dice: "Por cierto, tu valor neto es de más de un millón de dólares". Y dirigen negocios familiares, tiendas, cafeterías, talleres o establecimientos así.

Pero la gran mayoría de los que se establecen, agachan la cabeza y trabajan como locos lo pueden lograr en unos siete años. Eso significa de 14 a 16 horas al día, 60 o 70 horas a la semana, seis o siete días a la semana, durante siete años. Según estos estudios, son unas 10 mil horas de durísimo trabajo antes de alcanzar la masa crítica en la que produces un producto o servicio con un nivel de calidad tan alto por el que vales un millón de dólares.

El millonario hecho a sí mismo promedio que alcanza los mil millones de dólares lo logra en unos 15 años… 15 años durísimos y constantes. Todos han fallado una y otra vez, han vuelto a fallar y lo vuelven a intentar una y otra vez. Pero al cabo de unos 15 años tienen la experiencia suficiente para toparse con la combinación adecuada de personas, influencias, ideas, tecnologías, oportunidades, dinero, reputación y, de repente, dan en el clavo. En la actualidad hay unos 2 437 billonarios en el mundo, y de ésos, 87% son hechos a sí mismos. Pasa igual con los millonarios. Hay unos 11 mil millonarios, y de ésos, aproximadamente 87% —la misma cifra— son hechos a sí mismos. Los demás comenzaron con algo y trabajaron hasta el cansancio año tras año.

Les preguntaban a los billonarios hechos a sí mismos: "¿Cómo es que eres tan rico y pudiste ganar tanto dinero en tan poco tiempo?" Las respuestas eran más o menos las mismas.

La número uno era que todos tenían objetivos bastante claros. Decían: "Tenía un claro un objetivo; quería ser económicamente independiente, y estaba dispuesto a intentar lo que fuera".

La número dos es el aprendizaje continuo. Ya te dije que Warren Buffett lee 80% del tiempo. Uno de los hombres más ricos del mundo es Carlos Slim, de México. La semana pasada estuve hablando con algunos empresarios internacionales en Múnich, y un tercio del grupo era de México. Cuando mencioné a Carlos Slim, todos se volvieron locos, porque es como el Warren Buffett de México. Comenzó con muy poco; construyó un exitoso negocio de distribución de cemento y se ha convertido en billonario. Pero estudia 60 o 70% de cada día.

Una tercera característica de los millonarios hechos a sí mismos es que están dispuestos a asumir riesgos. Y son quienes más hablan de esto. De vez en cuando tienen que hacer un *all in*, como en el póker, porque surge algo. Tienes una oportunidad, tienes una gran ventaja, y decides apostarlo todo.

Otra de las características es el trabajo duro. Todos los que tienen éxito dicen que estaban dispuestos a trabajar mucho más que sus compañeros. Comenzaban antes, trabajaban más y se quedaban hasta más tarde. Como dijimos antes cuando hablamos de Warren Buffett y Charlie Munger, ellos no paraban de trabajar. Supongo que habrás oído el dicho: "La suerte es para quien la trabaja". He hablado con muchísimos millonarios hechos a sí mismos, y todos te cuentan sobre sus primeras experiencias. Trabajaban muchas, muchísimas horas, muchas más que cualquier otro; repito, 60 horas a la semana o más. Muchas veces trabajaron durante años antes de lograr dar en el clavo.

Además, los millonarios hechos a sí mismos son muy ambiciosos y muy positivos. Unos investigadores entrevistaron a los fundadores de las 500 compañías de crecimiento más rápido en los Estados Unidos, y descubrieron que una cualidad que tenían era su increíble optimismo… muy, muy positivos. Sabían perfectamente que iban a tener éxito tarde o temprano; sólo tenían que probar distintos métodos con constancia.

Ésa es otra cualidad de los emprendedores millonarios hechos a sí mismos: prueban muchas vías. Si no funciona, prueban con otra cosa. Si eso no funciona, prueban con otra distinta.

Ésta es la constelación de cualidades que llevan al éxito económico real. Estas personas tenían objetivos claros y planes escritos, y trabajaron en ellos todo el tiempo. Trabajaban 10, 12, 14 o 16 horas al día, cinco o seis días a la semana. Y leían todo el tiempo; son aprendices continuos, hambrientos de conocimiento. También trabajan muy, muy duro y por mucho, mucho tiempo. A pesar de eso, la mayoría de ellos no lo logra.

La gente se acerca y ofrece seminarios y paquetes en línea sobre cómo hacerse rico rápidamente, cómo ganar dinero de manera fácil y cómo usar un determinado truco, o trucos, que te enseñarán muy generosamente a cambio de varios miles de dólares, y si sigues sus trucos, entrarás, saldrás y ganarás un montón de dinero. Eso no funciona así. Recuerda, sólo aproximadamente una fracción de 1% de la gente se volverá rica en el mejor de los casos. Aunque tenemos computadoras que nos permiten comerciar a la velocidad del rayo, la competencia sigue siendo absolutamente feroz. Si quieres introducirte en los mercados financieros, vas a competir con algunas de las personas más inteligentes y agresivas del mundo. Y están rodeadas por gente inteligente y agresiva que te está vigilando para ver si tienes alguna información que puedan utilizar para ganar un dinerito extra de una forma u otra.

Hay una gran cantidad de gente inocente en busca de una forma rápida y sencilla para ganar dinero. Estas personas son presa fácil para aquellos que están tratando de venderles programas para hacer dinero y hacerse ricos rápidamente. Pero la mayoría de estas personas que venden este tipo de programas quiebran cuando el mercado baja. Muchas de ellas ya están en quiebra. Muchas no tienen nada de dinero, salvo lo que ganan de vender los programas a la gente.

Tengo un buen amigo que es muy rico y es un hombre de negocios e inversor muy inteligente. Las personas acuden a él a todas horas para pedirle que invierta su dinero. "¿Te importaría invertir en mi gran esquema, en mi producto, mi algoritmo, mi sistema…?" Y él responde: "Claro. Te diré lo que voy a hacer: te voy a mostrar todos mis resultados financieros y cuánto valgo, si tú me enseñas todos tus resultados financieros y cuánto vales. Y si a ti, después de haber trabajado tu sistema, te está yendo mejor que a mí, entonces invertiré en ti. Si no, nos separaremos y no volveremos a hablar. Así que enséñame cuánto dinero tienes".

Dice que es el final de todas las conversaciones. La persona mira al suelo, lo mira a él, vuelve a mirar al suelo y dice: "No creo que éste sea un buen momento para que hablemos, así que me voy a marchar". Y se levanta y se va, porque ninguna de estas personas está ganando nada de dinero. Sólo están obteniendo recursos al tratar de convencerte de invertir en ellos, pero no están ganando nada de dinero con la inversión en sí.

DAN

Estás hablando de alguien que está tratando de apelar a la co-
dicia o el sentido de conveniencia de los demás ofreciendo algo
por nada, soluciones o planes rápidos. ¿Hay otras cualidades que
hayas notado en los influyentes impostores, o manipuladores,
de las que haya que estar al tanto? ¿De qué personas en específico hay que estar pendientes? ¿Cuál es la señal de alerta que
advierta que hay que mantenerse alejado de una determinada
persona?

BRIAN

La cuestión esencial es qué tal les va a ellos mismos. Actualmente hay algunos genios de internet por ahí que han desarrollado
la capacidad de hacer lanzamientos. Reúnen varios ingredientes distintos y los combinan para lanzar un producto, que
puede lograr unas ventas equivalentes al millón de dólares en
una semana. Estas personas son capaces de hacer eso de forma
constante.

El reto está en que no existe tal cosa como el dinero fácil.
Para que un producto tenga éxito, tiene que ser bueno, tiene que
lograr objetivos financieros para la gente, tiene que obtener resultados, y la gente tiene que estar feliz con ellos. Yo tengo a 27
personas a mi cargo en mi organización vendiendo productos en
línea, y tenemos un negocio exitoso. Funciona y va creciendo semana a semana, mes a mes. Tenemos a 2.6 millones de personas
en nuestra base de datos, así que se nos acerca todo el mundo.
"Por favor, por favor, déjenos enviarle una promoción a su base
de datos." Y entonces les hacemos un montón de preguntas.

Algo en lo que insistimos, y que allana el camino bastante rápido, es que todo lo que ofrecemos tiene una garantía incondicional de devolución del dinero. Vendemos programas, principalmente educativos, pero también de inversión financiera, de idiomas, de establecimiento de objetivos y de gestión del tiempo. Si sigues el programa, obtienes un resultado específico. Si no lo obtienes, el programa es gratis. Me enorgullece decir que llevamos haciendo esto desde hace casi 33 años.

Cuando comenzamos a hacerlo, yo apenas estaba empezando como orador y no existía internet, por lo que tenía que garantizar la satisfacción para conseguir trabajo. Yo decía: "Hablaré para tu organización o tu compañía, y si no quedas contento, no te cobraré nada". Y decían que estaban de acuerdo. Así que me propuse diseñar un programa excelente e impartirlo con mucha energía y hacer feliz al público.

Cuando tienes la espada de Damocles de no recibir un pago sobre tu cabeza, haces un excelente trabajo. Cualquier producto que entregues debería estar garantizado incondicionalmente. Si una persona dice que con este producto puedes mejorar tu vida o tu trabajo de algún modo, entonces debe atenerse a ello. Tú y yo trabajamos con Nightingale-Conant durante mucho tiempo, y también aprendí esto de ellos: si estás orgulloso de tu producto, lo garantizas. Si la gente está descontenta por cualquier motivo, puede regresarlo y recuperar su dinero.

Siempre he sentido que ése es el mejor respaldo para tu confiar en tu producto. He visto muchas compañías que dicen: "Depende de ti. Eres tú el que tienes que hacer que funcione. Nosotros te damos todo lo que necesitas y después depende de ti". Yo digo: "No, no, no". Comencé a dar una garantía de un mes y, después, de un año. Yo decía: "Puedes seguir estos programas, verlos, escucharlos, probarlos y, si no estás contento en el transcurso de un año, puedes regresarlos y recibir el reembolso de 100% de tu dinero, sin cargos, sin preguntas". Y entonces, yo bromeaba: "Claro que nos mudamos mucho". Todos se reían, incluido yo.

Así que les daba garantías de un año. Aprendí eso de una de las mejores compañías de *marketing* multinivel más grandes del mundo. Tenían una garantía contra entrega del envase vacío: podías llevarte su producto, usarlo, vaciar la botella o el envase y, si no estabas contento, podías llevarles el envase vacío y recibir 100% de reintegro, sin preguntas.

Y yo pensé: "Ésa sí que es una garantía increíble".

DAN

Eso juega con el principio del que hablabas antes: la reciprocidad. La mayoría de la gente siente que se le ha dado valor y que va a corresponder dando valor a cambio. Algunas personas pueden tener miedo y pensar: "Ay, Dios mío, toda esta gente nos va a estafar", pero, como dijiste, si das valor, deberías poder respaldar eso, aunque sea una botella vacía.

Hay muchas fuentes de influencias positivas y negativas en el mundo aparte de las personas. Las primeras conducen a mayores éxitos y felicidad, y las últimas, aunque pueden dar emociones momentáneas, conducen a fracasos e infelicidad a largo plazo. Me pregunto si podrías comparar y contrastar algunas de estas influencias. Me gusta imaginar que la gente elabora una lista de pros y contras, pero con el influyente impostor en una columna y el influyente positivo para el éxito en la otra.

Un ejemplo es alguien que decide ver dos horas de un *reality* sin pensar. Todo el mundo necesita un pequeño descanso de vez en cuando, pero hay una diferencia entre la gente que ve cantidades interminables de telebasura y alguien que puede relajarse un par de horas, pero leyendo un libro sobre su profesión. Son dos maneras de descansar y recuperarse, pero una te está influyendo de forma negativa y la otra de forma positiva. ¿Hay otras cosas que creas que influyan en el camino al éxito de la gente? Si es así, ¿con qué conductas podrían reemplazarlas?

BRIAN

Llevo 40 años y muchísimos miles de horas estudiando esto. El mayor y único obstáculo para alcanzar el éxito real y duradero es la idea de que es posible conseguir algo por menos o, incluso, por nada. Los buenos padres crían a sus hijos sabiendo que no existe la comida gratis, ni tampoco el recibir algo a cambio de nada, y que de la vida obtienes exactamente lo que inviertes en ella.

Mi ecuación favorita, por llamarla de alguna forma, es que tus recompensas siempre serán equivalentes a los esfuerzos que pones, así que cuantos más esfuerzos pongas más resultados lograrás y mayores serán tus recompensas. Si quieres ganar más dinero, entonces tendrás que poner un mayor esfuerzo.

Hay dos tipos de esfuerzos: el físico y el mental. Hoy en día todo es mental, así que si quieres ganar más dinero, tendrás que aumentar tu capacidad para obtener resultados por los que la gente te pague. Tendrás que preguntarte: ¿qué es lo único que puedo hacer hoy por lo que la gente vaya a pagarme? Puedes ir con tu jefe y preguntárselo.

Peter Drucker dijo: "La palabra que cambiará tu vida es *contribución*. Algunas personas piensan en ganar dinero o tener éxito. Tú tienes que pensar en contribución. ¿Cómo puedo contribuir con más valor a mi negocio o a mis clientes hoy? ¿Cómo puedo dar más?"

Cuando comencé a estudiar economía y psicología, y después metafísica, aprendí que la ley de sembrar y cosechar es absoluta. La llamamos la *ley de causa y efecto*, y se remonta a Aristóteles en el año 350 a. C. La ley de causa y efecto es una ley, no una teoría ni una creencia. Ésta dice que cuanto más pongas, más obtendrás. Si quieres aumentar la cantidad de lo que consigues, tendrás que incrementar la calidad y la cantidad de lo que pones.

Y dices: "Muy bien, quiero duplicar mis ingresos. Eso significa que tengo que duplicar el valor de mi contribución. ¿Cómo puedo hacer esto último?" Puedes trabajar más físicamente o puedes aumentar el valor intelectual de tu contribución. Puedes hacer más cosas de mayor valor. Puedes desarrollar nuevas habilidades que te permitan hacer una contribución más valiosa que beneficie y recompense a la gente, que mejore su vida de algún modo. Verás que las personas más exitosas son aquellas que ponen todo su corazón para servir a otros.

He escrito ya 80 libros, y sigo pensando: "No quiero escribir más libros", pero después tengo alguna idea para redactar otro. Una de las ideas que tengo para un libro se llama *el factor más*. Para mí es sencillo. Se trata de que logramos nuestro éxito haciendo felices a nuestros clientes. Si haces felices a tus clientes, estarán felices con tu producto, lo comprarán y lo volverán a comprar. Sin embargo, vivimos en un mundo competitivo. Por ese motivo, tus competidores también quieren hacer felices a tus clientes. Como tú ya los has hecho felices, para alejarlos de ti tus competidores tienen que hacer más felices a tus clientes.

¿Y cómo los haces más felices? Tienes que servirles *más* rápido, como Jeff Bezos o Domino's Pizza. Tienes que servirles *más* calidad, como Tiffany's o la ropa deportiva de Lululemon. Pero siempre tiene que haber un *más*. *Más* inteligente, *más* rápido, *más* fácil, *más* práctico, mejor (yo digo, *más* bueno), pero siempre aparece lo que llamamos la comparativa.

Ésta significa que tienes que ofrecer a los consumidores algo que sea tan importante que decidan comprarte a ti en lugar de a los demás. Tu trabajo es siempre buscar modos de añadir un *más* a la ecuación. A veces puede ser *más* amable, *más* agradable, *más* limpio.

Las personas creen que los baños para sus familias gozarán del mismo nivel de limpieza que el estacionamiento, y por eso se fijan en este último. Si está limpio, suponen que los baños estarán limpios, y pueden parar con la familia y comer con ella, y por eso los estacionamientos del McDonald's siempre están limpios: la gente supone que están *más* limpios que los de la competencia. Por eso siempre tienes que preguntarte: ¿qué podemos hacer para conseguir un factor *más*?

DAN

Teniendo en cuenta ese contexto —que añadir valor significa trabajar duro sin importar lo que se tarde—, estaba pensando que puedes usar esta fórmula de la que hablas prácticamente para todo. También puedes pensar en ella en el contexto de los influyentes impostores.

INFLUYENTES IMPOSTORES | 87

Si pienso en la salud, por ejemplo, podemos ver todos los comerciales de pastillas que te ayudan a ser más inteligente, a perder peso con mayor rapidez: simplemente tómate esta pastilla. Muchas veces ni siquiera tienen los permisos en regla. Pero las anuncian en la televisión nocturna, y parece que todo lo que tienes que hacer es tragarte esta pastilla y te va a hacer esto o lo otro. Al contrario que el comportamiento positivo, que consistiría en elaborar una dieta nutritiva y un programa de ejercicio.

Cuando empiezas a revisar todo ese modelo de conveniencia, que te dice lo que quieres oír, que te ofrece algo a cambio de nada, contra el modelo del valor añadido, puedes identificar a muchos de estos influyentes impostores en tu vida. Te das cuenta de que estás pasando demasiado tiempo invirtiendo en este tipo de cosas, pero no estás pagando el precio de los influyentes positivos para el éxito.

Una fuente más profunda de influyentes impostores que quería comentar contigo proviene de una educación familiar dañina o una relación disfuncional. Alguien ha podido tener una influencia negativa a largo plazo, haber recibido abusos (tanto abusos psicológicos como abusos sexuales). Todo eso tiene una influencia negativa durante años y años. Brian, ¿cómo se puede superar una educación disfuncional para recibir una forma más sana de influencia en su vida y después brindarla a la de los demás? ¿Cómo romper el ciclo con los propios hijos?

BRIAN

Ésta es una pregunta con la que he lidiado toda mi vida, empezando por mi propia educación semidisfuncional. Le dedico miles de horas de investigación, así que trataré de resumirlo: casi todo el mundo ha tenido una educación disfuncional en algún aspecto. Cada niño llega al mundo como una hoja en blanco. No tienen emociones negativas, no tienen ira, ni frustración, no tienen miedos, ni fobias, no tienen nada. Los únicos miedos que tiene un niño son el miedo de caerse y el miedo a los ruidos fuertes, que son normales y naturales.

Después, los niños empiezan a desarrollar dos patrones de hábitos negativos. Uno de ellos es una respuesta automática a un estímulo en el entorno. El primer patrón de hábito negativo es el miedo al fracaso. Este miedo se desarrolla cuando uno de los padres, o ambos, dicen: "No. Para. Aléjate de ahí", y gritan, pegan, castigan o le hacen daño al niño por hacer algo con lo que el padre o la madre no están de acuerdo. Los niños sólo tienen una necesidad, que es la de amor y seguridad, así que, si sus padres les gritan, están aterrorizados y piensan que no están a salvo, que están en un grave peligro. Por eso, en lugar de gritar, llorar y reír, los niños comienzan a ajustar su comportamiento lo que haga falta para ganar el apoyo incondicional de sus padres.

El segundo miedo que desarrollan es el miedo al rechazo, el miedo a la desaprobación, el miedo a no gustar. Esto aparece cuando el padre dice: "Aléjate de eso. Deja eso. No toques eso", azote, nalgada. El niño comienza a desarrollar el miedo al rechazo, el miedo de "no puedo, no puedo, no puedo". Y cuando el niño cumple los dos o tres años ya tiene estos dos miedos: no puedo y tengo que hacerlo. No puedo hacer lo que mis padres no quieren que haga, y tengo que hacer lo que los hace felices. Los padres están criticando y castigando constantemente al niño por hacer lo que ellos no quieren que haga, o por no hacer algo que ellos quieren que haga. Es decir, los padres están retirando su amor constantemente.

Pero los niños necesitan amor en el plano emocional del mismo modo que las rosas necesitan la lluvia, o el cerebro necesita oxígeno. Si privas a un niño de oxígeno, podría morirse. Los padres amenazan con retirar su amor diciendo: "Aléjate de ahí. Deja de hacer eso. No hagas eso". Como el niño necesita el amor tanto como necesita oxígeno, desarrolla rápidamente este miedo al rechazo, este miedo a la desaprobación. "Si no hago lo que mis padres aprueban, entonces no estaré a salvo. Perderé su amor y puedo morir en el plano emocional."

Una de las grandes ideas de la psicología es que todas las conductas negativas en la vida adulta provienen de la falta de amor en la infancia. Al niño lo amenazan con retirarle el amor que necesita —es como retirarle la sangre al cerebro—, y por eso el regalo más importante para un niño es el amor incondicional. El mayor dolor o trauma de un pequeño es la falta de amor, que se lo retiren. Lo peor de todo es retirarlo y después volverlo a ofrecer, y así una y otra vez, lo que hace que el niño se vuelva neurótico, psicótico; lo vuelve enojón, miedoso e inestable, porque el niño nunca sabe qué hacer o qué no hacer para garantizar el flujo constante de amor, como el flujo constante de oxígeno.

Entonces, ¿qué ocurre? El niño crece con el miedo al fracaso, el miedo a cometer un error, el miedo a ser castigado. El niño crece con el miedo al rechazo, al riesgo, a no ser amado, a no estar a salvo. El niño, convertido en adulto, tiene un terrible miedo al fracaso: si hago algo y no tengo éxito, entonces perderé el amor de mis padres, no estaré a salvo, estaré en un grave peligro. O si no hago lo que mis padres aprueban, resultaré castigado y me retirarán su amor, y no estaré a salvo, estaré solo en un mundo temible.

Y esos dos miedos crecen y se convierten en todo tipo de sensaciones: miedo al fracaso, al riesgo, a la pérdida, a la vergüenza, a la desaprobación, hipersensibilidad, a las opiniones negativas de los demás. Todos los miedos principales empiezan por el miedo al fracaso y al rechazo.

La semana pasada estuve hablando con un multimillonario, y él decía que, sin importar cuántas cosas conseguía (una casa enorme, un carrazo, una gran vida, un gran éxito), seguía teniendo un miedo recóndito a que se lo iban a quitar todo. Eso se remonta a la infancia, en la que este miedo a la pérdida, este miedo al fracaso, este miedo a perderlo todo, se lo inculcaron antes de que el niño cumpliera los cinco años. En la mayoría de los casos, los padres ni siquiera eran conscientes de lo que estaban haciendo, no tenían ni idea, pensaban que simplemente controlaban a su hijo amenazándolo con su desaprobación si no hacía lo que ellos querían. No se daban cuenta de que estaban estableciendo un patrón.

Ahora yo tengo cuatro hijos, y sabía que el gran cáncer que destruye las almas de los seres humanos es la crítica destructiva, y por eso nunca he criticado a mis hijos. Lo voy a dejar muy claro. Eso no significa que no nos peleemos o discutamos, pero nunca he dicho: "Eres malo".

A mis hijos los han expulsado de la escuela. Mis hijos se han metido en problemas; han hecho todas las cosas que hacen los niños. Los pequeños suelen ser así, pero, ocurriera lo que ocurriera, yo me sentaba con ellos y les preguntaba: "¿Qué pasó?" Ellos estaban bastante nerviosos. Yo les decía: "No se preocupen.

Está bien. Yo también hice esas cosas cuando era joven, así que díganme lo que pasó y pongamos las cartas sobre la mesa". Entonces, me decían: "Hice esto, y esto otro, y lo que pasó es lo que pasó". Y lo repasábamos una y otra vez, y yo les decía: "¿Qué van a hacer la próxima vez?" "La próxima vez tendré más cuidado." Y yo decía: "Eso es estupendo, porque mis padres me habrían puesto un castigo horrible, y me lo habrían recordado durante 10 años. Iban acumulándolo, seguían sumando y sumando, y sin importar lo que hiciera, me recordaban algo que había hecho hacía años". Era como si nunca te perdonaran. Así que a mis hijos les explicaba: "Son cosas que suceden." Y con el paso de los años, yo bromeaba con ellos y les decía: "¿Recuerdan ese día que hicieron esto?" "Sí." "Fue una locura, ¿no?" "Sí." No hay negatividad. No hay resquemor.

¿Cómo manejas esto como adulto? Hemos descubierto que el centro de tu personalidad es tu autoestima. Lo que determina cuánto amas a los demás es cuánto te gustas a ti mismo, cuánto te quieres. Así que hay que empezar por decirte estas palabras: "Me gusto". Ésta es probablemente una de las frases que más me ha abierto los ojos en toda mi vida. Cada vez que te dices: "Me gusto, me amo", todos tus miedos disminuyen y tu amor propio sube, casi como un balancín. Te amas más a ti mismo, tu amor sube y tus miedos bajan, y al final alcanzas el punto en el que te amas a ti mismo incondicionalmente.

Yo siempre les he dicho a mis hijos: "Los amo incondicionalmente. Nada de lo que hagan hará que los ame menos del cien por ciento". Ellos decían: "¿Y qué pasaría si rompo este cristal?" Yo les contestaba: "Nada de lo que puedan hacer hará que mamá o yo los amemos menos del cien por ciento". Tienes que repetirlo durante un tiempo, porque durante mucho rato para ellos es algo abstracto. Sólo cuando se enfrentan a un problema real —alguien se les presenta en su puerta, alguien los acusa de algo, se meten en problemas en la escuela— sus padres seguirán apoyándolos al cien por ciento. Yo decía: "Bueno, son cosas que pasan".

DAN

Brian, supongamos que alguien está tratando de superar unos orígenes disfuncionales. Quieren liberarse para no cargar con ese equipaje y ser soberanos de influir en sus hijos de maneras positivas. Pero si se sienten retenidos, a veces es porque no pueden perdonar, no pueden dejar ir algo de su vida. ¿Puedes hablar sobre ello? A veces cuando uno se dice "me gusto" con la boca fruncida, es porque tiene una gran losa de resentimiento y resquemor a la que se aferra. ¿Cómo puedes liberarte de ello?

BRIAN

Me alegra que me hagas esa pregunta, porque quizás es la idea más importante sobre el desarrollo personal: la falta de voluntad para perdonar, o la incapacidad de perdonar, es el mayor obstáculo para la felicidad. Hace poco estuve hablando frente a un público y mencioné que lo más importante que haces en la vida es perdonar a todos los que te han herido de algún modo en cualquier momento. Déjalo ir por completo y date cuenta de que no tiene nada que ver con ellos; tiene que ver contigo. Di: "Perdono a mis padres por todos los errores que cometieron durante mi crianza. Perdono a todo el mundo en mi vida, a mis relaciones previas, a mis hermanos, a mis amigos. Perdono a mi jefe y me perdono a mí mismo al cien por ciento".

El gran mensaje que me enseñó Jesús en el Nuevo Testamento fue el perdón: perdonar 70 veces siete, caminar un kilómetro, y luego otro, perdonar con libertad. Lo único que puedes hacer para asegurarte de mantenerte totalmente limpio de cualquier negatividad en tu vida es repasar a todas las personas en tu vida y perdonarlas al cien por ciento por todo lo que hicieron para herirte.

Quiero terminar esta parte con una historia. Un hombre me llamó desde Holanda; habla inglés. Él me dijo: "Tenía que llamarlo en persona". Normalmente no contesto estas llamadas, pero algo me dijo que ésta parecía importante. Contesté y el hombre me dijo que él había crecido en una familia disfuncional. Estaba furioso con su familia. Creció con parientes negativos, un hermano, una hermana; se casó, tuvo un mal matrimonio, lo engañó un socio, perdió todo su dinero, todo, y estaba enfermo, tenía problemas del corazón.

Tenía cáncer en fase inicial y todo tipo de enfermedades. Fue al médico y éste le dijo: "Se va a morir. Su cuerpo está tan fastidiado que es como un carro en el desguace; todo está fuera. Le quedan unos seis meses de vida, así que deberá hacer las paces con todo y todos en su vida, porque no hay nada que la medicina moderna pueda hacer por usted". El médico también le dijo: "Será mejor que deje ir a algunas personas. Sigue estando enojado con mucha gente. Sólo déjelas ir".

El hombre salió de allí pensando por qué había estado enojado durante mucho tiempo. Hizo una lista de todo. Tenía a 39 personas en la lista, personas con las que estaba furioso, enojado.

Repasó la lista y dijo: "Está bien, voy a perdonarlos". Recorrió la lista uno a uno. Pensó en lo enojado que había estado y los perdonó: "Perdono a esta persona por completo". Lo había oído en mi programa *La psicología del logro*, de Nightingale-Conant. "Perdono a esta persona por completo por todo y la dejo ir, nombre por nombre." Algunos nombres fueron difíciles, pero logró completar la lista. Después, volvió a empezar, y con algunos de ellos dijo: "No, voy a tener que llamar a esta persona". O: "Voy a tener que ir a ver a esta persona".

Arregló todos sus asuntos, redactó su testamento y sus últimas voluntades y vendió toda su ropa. Después llamó y visitó en persona y habló con las personas mencionadas, les pidió perdón y las perdonó. Viajó a Estados Unidos, a Europa y a Inglaterra, y lo hizo durante los seis meses siguientes. Fue perdonando a la gente y rogando por su perdón.

Según fue haciéndolo, su salud mejoró cada vez más. Al final de los seis meses, su mente, su alma y su corazón estaban totalmente limpios. Había perdonado a todas las personas que lo habían herido alguna vez. No tenía ningún sentimiento negativo. Se sentía increíble consigo mismo, no tenía dolores, y regresó al médico. Éste no podía creerlo: "De hecho, está totalmente libre de síntomas". En ese tiempo había estado trabajando para ganarse la vida y comenzaba a ganar más dinero que nunca, y tenía el corazón y la mente limpios. Se sentía increíble consigo mismo y no había tenido ni un solo pensamiento o sentimiento negativos. Al final de los seis meses, era otra persona. Se levantó después de medio año y retomó su vida. Y se sentía fabuloso.

Yo pensé: "Qué historia tan increíble". Estoy encantado de que hayas sacado ese tema, el de tomar la decisión de que vas a perdonar a todo el mundo que te hizo daño alguna vez por cualquier motivo para el resto de tu vida.

DAN

En cuanto haces eso, puedes ver cómo tu conciencia quedará limpia; se dispersarán las telarañas por las que has estado viendo la vida. Y serás mucho más eficaz a la hora de influir en los demás en ese proceso, sobre todo en tus propios hijos. Muchas gracias, Brian. Ha estado increíble.

Capítulo 4

La influencia en la era digital

DAN

Brian, hablemos ahora de la influencia en la era digital. Esto viene a propósito de lo que está pasando con la evolución de la tecnología en nuestra sociedad, y cómo impacta eso en la influencia. Muchas personas lo ven a menudo como un esfuerzo humano, pero cada vez está siendo más y más tecnológico.

En tus 40 años de carrera, has vivido un cambio radical en la economía; has pasado de los teléfonos fijos, el mimeógrafo, las cartas escritas a máquina, las reuniones presenciales y un periodo de atención largo a los *smartphones*, los archivos digitales, los correos electrónicos, las reuniones por Skype y periodos de atención más cortos. ¿Puedes hablarnos un poco de los retos que presenta la era digital a las personas que quieren ser más influyentes?

BRIAN

Todo el mundo desea alcanzar sus objetivos de una manera más rápido, fácil y barata. La tecnología en cualquiera de sus variantes nos ayuda a lograrlo. El propósito de todo lo que se hace en línea, con programas informáticos, *software* y todo eso, es ayudarnos a alcanzar nuestras metas, sobre todo las de comunicación, de un modo más rápido y sencillo. En realidad, todo lo que hemos hecho, todos los avances en la historia de la humanidad, desde los primeros grabados rupestres, ha sido un intento de comunicarnos más rápido, con más facilidad, mayor economía y claridad con un mayor número de personas.

Un pequeño paréntesis: ¿cuál es el propósito del lenguaje? Comunicarse. Además, el lenguaje, las palabras, son pensamientos resumidos. El hecho de que una palabra sea un pensamiento resumido implica que tiene muchos significados. Por ejemplo, piensa en palabras como *amor, deseo, esperanza, odio, guerra, compasión* o *comprensión.* Todas tienen muchos significados distintos.

En el *Oxford Dictionary* hay 54 significados de la palabra *nice*, y cada uno es correcto en el contexto adecuado. Así que cuando aparece esa palabra, puede tener 10, 20, 30 significados distintos. Si además la combinas con otra palabra que tenga 20 o 30 significados, puedes armar pensamientos muy complicados, y los pensamientos que tiene una persona al combinar dos palabras pueden ser totalmente distintos de los que tiene otra al combinar esas mismas palabras. Actualmente, muchos de los textos antiguos, incluso de la Biblia, se han malinterpretado tantas veces que tienen unas conexiones muy limitadas con lo que quería decir el escritor original.

A veces una palabra en un contrato jurídico, incluso una coma, puede anularlo. Estuve leyendo sobre una disputa legal que ocurrió en Chicago hace un par de años. El juez dictaminó que la colocación de una coma cambiaba el significado de la cláusula de una forma tan notoria que concedió 40 millones de dólares a la parte demandante. El significado del contrato con esta coma en la posición en la que estaba era tan distinto que se le exigía a una de las partes pagar los otros 40 millones de dólares, y si la otra parte reclamara esta decisión, entonces la sentencia subiría hasta los 100 millones de dólares. Así que la totalidad del significado de una cláusula importante, y diré que se trata de un contrato entre 30 partes, se quedó en el aire debido a una coma que estaba en el lugar equivocado en el momento equivocado.

DAN

Increíble.

BRIAN

Éste es otro dato interesante sobre la influencia: tú puedes decirme algo, pero mientras tanto, yo puedo estar pensando: "Ay, no, tengo que hacer tal cosa después de trabajar" o "mi esposa me pidió que recogiera esto antes de irme a casa". Ese pensamiento se abre paso e interrumpe mis pensamientos. Así que, aunque reciba lo que tú pienses, me perdí un elemento esencial. A eso se le llama *ruido*.

Una de las palabras que usaste es distinta de la que yo recibí, por lo que yo uso otra palabra para repetir con el fin de asegurarme de que lo entendí bien. Y tú dices: "No, eso no es exactamente lo que quería decir; yo pretendía decir *esto*". Fíjate la cantidad de malentendidos que pueden darse en una simple conversación. Por eso, cuando hablamos sobre influencia en la era digital, una de las cosas más importantes que podemos hacer es bajar el ritmo, volver a comprobarlo, corroborarlo y asegurarnos.

Cuando dirigía mi negocio, le pedía a alguien que hiciera algo, y esa persona me contestaba. "Sí, lo haré". Yo decía. "Ahora repíteme lo que acabo de pedirte que hagas". Ella respondía: "Me acabas de pedir que haga esto de esta forma en este tiempo". Y yo decía: "No, eso no es lo que te pedí. Lo que te pedí es que hicieras eso otro, de *esa* forma y en *este* otro tiempo".

Por eso desarrollé el hábito de que trajeran un cuaderno, uno de estenografía, por ejemplo, y mientras hablábamos, escribían lo que les estaba pidiendo que hicieran. Después, yo decía: "Ahora, léeme lo que escribiste", y ellos lo hacían. En 50% de los casos, una simple conversación podía malinterpretarse, y el mensaje que recibían era distinto de lo que yo había dicho, lo que ocasionaría una forma de actuar totalmente distinta que, a su vez, podría haber llevado a un resultado totalmente distinto.

Durante la guerra de Secesión, se dice que el punto álgido de la Confederación fue la batalla de Gettysburg. El ejército sureño invadió el norte, y se encontraron de forma inesperada en Gettysburg, Pensilvania. Las tropas sureñas venían del norte y las tropas del norte venían del sur y se encontraron accidentalmente en este lugar. La batalla comenzó sin que nadie la planeara, comenzó a moverse sin que los generales al mando supieran lo que estaba pasando, las fuerzas se movilizaron de distintas partes para sumarse a la batalla.

Hubo tres días importantes en la batalla de Gettysburg. Uno de los más importantes fue el segundo día, en el que Robert E. Lee ordenó a su general al mando, el general Longstreet, que se posicionara en el campo de batalla, en el flanco derecho de las fuerzas de la Unión, y avanzara sobre la posición enemiga cuando el momento fuera favorable. Pues bien, el general Longstreet no creía que éste fuera el mejor lugar para atacar, así que desplazó su ejército hacia delante más o menos hasta la mitad y lo mantuvo ahí todo el día. Si hubiera seguido avanzando y presionando, podría haber superado a las fuerzas de la Unión, porque éstas aún no habían llegado. El Sur habría ganado la batalla de Gettysburg, y la guerra podría haber terminado.

Lee ordenó el avance de sus tropas, pero Longstreet las retuvo esperando en su posición durante todo el día. Sin embargo, no fue sino hasta las cuatro de la tarde que Lee mandó un mensaje a Longstreet, el cual decía: "¿Por qué no ha avanzado con su ejército?" Longstreet respondió: "Pensé que me había dicho que avanzara con las tropas cuando el momento fuera favorable". Lee respondió: "Sí, pero ha sido favorable. Haga el favor de avanzar ahora". Longstreet no quería hacerlo, pero obedeció. Desafortunadamente, el Norte estaba preparado. Los ejércitos del norte habían ido llegando por la noche; eran miles, concentrados en lo que se llamaba Cemetery Ridge, y cuando avanzaron, su superioridad en los terrenos elevados era notoria.

La lucha fue encarnizada, muchísimos asesinatos, brutalidad y muerte, y las fuerzas confederadas tuvieron que retirarse. El segundo día terminó en tablas. Si Longstreet hubiera avanzado el segundo día, tal como Lee creía haberle ordenado que hiciera, entonces habría ganado y el resultado de la guerra de Secesión podría haber sido totalmente distinto.

Finalmente, el tercer día estaba claro que el Norte había fortificado por completo su posición, Cemetery Ridge; dominaban los terrenos elevados. Lee ordenó al último ejército, liderado por el general Pickett, que atacara el centro y se abriera paso. El ataque de Pickett se organizó: avanzaron nueve brigadas de infantería, de nuevo tras una serie de malentendidos, pero esta vez era demasiado tarde. Las brigadas de Pickett se rindieron y se retiraron, y el ejército sureño resultó derrotado y tuvo que retornar de nuevo a Virginia. Ése fue el momento álgido del Sur. Nunca volvieron a conseguir ese grado de poder concentrado en un punto crítico y, como resultado, aunque dio batalla casi dos años más, el Sur perdió la guerra, y la historia es la que es.

Y todo se debió a una mala interpretación de una palabra, y a si una persona tenía o no la facultad de avanzar en ese momento o después cuando creyera que la situación era un poco más adecuada.

Entonces, si te fijas en la enorme cantidad de información, y los millones de palabras que se generan cada día en internet y en el correo electrónico, cualquiera de ellas, si se interpreta incorrectamente o de manera distinta a la que pretendía el emisor, puede llevar al fracaso de una fusión, a una mala decisión empresarial, a una mala acción por parte del cliente. Incluso puede llevar al colapso de una compañía o al declive de una industria. Así que aunque todo ha ido cada vez más y más rápido, sigue siendo necesaria la facultad humana, la capacidad de saber alejarse, de tomarse un tiempo, de ver lo que está pasando, analizarlo y hablarlo con otras personas.

Charlie Munger, de quien ya hablamos antes, usa un concepto denominado *pensamiento profundo*. Consiste en tomarse el tiempo para pedir un descanso y pensar seriamente y con calma en la información que se está recibiendo y en lo que significa, y qué deberíamos hacer y qué no.

DAN

Uno de los mayores retos de la actualidad es captar la atención absoluta de la gente, porque está muy distraída. Hemos hablado sobre cómo la gente se lleva sus dispositivos digitales a las reuniones. Tú estás haciendo una presentación, y las personas no paran de mirar una y otra vez sus dispositivos. Los niños están constantemente en esos aparatos, los cuales hacen que además la gente conduzca distraída; es un gran problema. ¿Acaso hay ciertas normas que se deben seguir respecto a la influencia en el mundo digital? ¿Existe algún tipo de comunicación que se deba reservar para los encuentros cara a cara?

Has citado la estadística de que aproximadamente 80% de la comunicación consiste en lenguaje corporal; no son sólo las palabras. Entonces, ¿qué consejo le darías a alguien que desea con todas sus fuerzas ser influyente? ¿Cuándo es apropiado hacerlo en el plano digital y cuándo hay que reservar tu comunicación para el cara a cara?

BRIAN

Mi palabra favorita en esta área es *consecuencias*. Tras más de 30 años estudiando sobre la gestión del tiempo, he descubierto que las posibles consecuencias de una decisión determinan el valor o la importancia de dicha decisión. Daniel Kahneman, de la Universidad de Princeton, habla sobre la oposición entre el pensamiento rápido y el pensamiento lento; los denomina Sistema 1 y Sistema 2.

El Sistema 1 es el pensamiento rápido, como manejar entre el tráfico, haciendo giros rápidos y evitando a los demás conductores. Es intuitivo, es emocional, es rápido, no necesita mucha profundidad. Es bastante apropiado cuando estás manejando entre otros automóviles, o caminando entre el tráfico, y todo eso, porque no tienes mucho tiempo.

El pensamiento lento es algo que haces cuando las consecuencias pueden ser bastante graves. Si vas a tomar una decisión en este caso, las ramificaciones —a cuántas personas afectará y por cuánto tiempo— pueden ser considerables.

En mis cursos combino las dos ideas del pensamiento a largo plazo frente al de corto plazo. Este último se da cuando las consecuencias de tu comportamiento son muy limitadas: ¿le pones un terrón de azúcar al café o dos? Sin embargo, decidir qué coche comprar, qué carrera estudiar en la universidad, con quién casarse, qué trabajo elegir, qué carrera profesional seguir... todo eso puede tener enormes consecuencias.

Con los asuntos que pueden tener grandes consecuencias, reduces la velocidad, casi hasta detenerte, para poder tener en cuenta todas las ramificaciones, como un jugador de ajedrez, que piensa muchísimo cada jugada: ¿debería hacer este movimiento o este otro?, ¿cuáles son las consecuencias de esto? Si lo hago, ¿qué harán ellos?

DAN

Entonces, ¿dirías que en lo que respecta al pensamiento lento y al pensamiento rápido, las formas rápidas de comunicación pueden llevarse a cabo vía digital porque el costo es mínimo aunque haya un error?

BRIAN

Sí, las consecuencias son mínimas, efectivamente.

DAN

Entonces, ¿las discusiones o negociaciones importantes e influyentes deberían tomarse de persona a persona?

BRIAN

Si las consecuencias de esta decisión son potencialmente bastante grandes, si esto puede marcar una gran diferencia en lo que se refiere a la dirección en la que va el mercado, o los clientes, entonces tienes que hacerlo muy despacio. Edward Banfield dice que tienes que ir muy despacio si las consecuencias son muchas y posiblemente de largo plazo. Kahneman también dice que tienes que ir muy despacio si las posibles consecuencias pueden ser inmensas. Kahneman afirma que hay demasiadas personas que usan el pensamiento rápido en situaciones en las que deberían usar el pensamiento lento.

Uno de los mayores errores es tomar una decisión sin pensarlo demasiado. Las personas no razonan en todas las posibles ramificaciones. Usando de nuevo el ejemplo anterior, los buenos jugadores de ajedrez pueden ver hacia dónde se dirige el juego: si tú haces esto, tu competidor podría hacer eso otro. Es un ir y venir, así que tienes que pensártelo muy bien. Entonces, el pensamiento lento es necesario cuando las posibles consecuencias pueden ser inmensas. El pensamiento rápido es adecuado cuando las consecuencias son pequeñas y pueden revertirse rápidamente.

DAN

Así que si estamos hablando de un trato lo suficientemente grande o importante para tu compañía, te gustaría reunirte con el interesado, hacerte una idea de cómo es él, asegurarte de que ambas partes tienen una idea parecida del trato. Parece que en esas situaciones aún es necesario el contacto personal.

Sin embargo, ¿hay algunas áreas en las que lo digital pueda resultar útil en lo que se refiere a la influencia? Estoy pensando en los videos en línea, en tu sitio web, Twitter, LinkedIn. Cuéntanos cómo se pueden utilizar estas nuevas plataformas sociales para mejorar tu capacidad para influir si se usan adecuadamente.

BRIAN

Uno de los avances recientes más importantes en los negocios es el uso del pensamiento AB y las pruebas rápidas: se te ocurre una idea para cambiar parte de tu producto o servicio. Entonces, tomas una base de pruebas, por ejemplo, de unos 10 mil nombres, que puedas generar; lo llaman *macrodatos*, que actualmente nos permiten hacer pruebas de manera muy rápida. Entonces envías dos ofertas, una oferta A, en la que mantienes el precio al mismo nivel, a cinco mil nombres, y una oferta B, en la que subes o bajas el precio y añades una característica determinada, a los otros cinco mil. Después observas qué tipo de respuestas obtienes. Si la respuesta a la nueva característica con cinco mil personas es positiva, es decir, responden de manera afirmativa y compran el nuevo producto gracias al beneficio extra que estás ofreciendo, entonces se trata de un caso de prueba demostrado.

Hay una regla maravillosa que dice: "Si no tienes datos, entonces todo lo que tienes es una opinión". En otras palabras, si no lo has demostrado con cifras, entonces todo lo que tienes es básicamente tu opinión. Tienes una idea brillante, pero sólo es una opinión hasta que la sustentas con datos. Y actualmente se pueden obtener datos con mucha rapidez.

En nuestro negocio tenemos *software*. Alguien se nos acerca y dice: "Tenemos 200 mil o 300 mil nombres, y queremos fundar una empresa mixta con ustedes. Queremos vender su producto a nuestro nombre, y dividiremos los beneficios". Nosotros diríamos: "De acuerdo, dennos 10 mil nombres, o cinco mil nombres, con los que hacer pruebas". Y enviaríamos una oferta de prueba de nuestro producto a esas cinco mil personas, y enseguida sabríamos cuántas personas responden, cuánto compran y cuál es la diferencia en comparación con una oferta previa. También conoceríamos sus patrones de compra en otras ofertas de productos o servicios, y estos macrodatos nos darían una gran cantidad de información sobre ello.

Así, podemos determinar, a veces en una o dos horas, si ésta sería una buena lista o no, si estas personas comprarían, si adquirirían el producto en la cantidad suficiente al precio establecido, y si deberíamos seguir adelante o no y hacer la misma oferta a toda la lista de 200 mil nombres. De este modo podemos llevar a cabo unas pruebas increíbles a una velocidad asombrosa. Podemos hacerlas por la mañana y en la tarde decidir si enviamos o no la misma oferta a 200 mil personas. Así que consiste en realizar prueba tras prueba, llevar a cabo las pruebas AB todo el tiempo, y cambiar tu oferta.

Hay una norma para evaluar tus ofertas en los negocios. Cambia un elemento de la oferta y envíala a cinco mil personas, y deja el otro elemento de la oferta sin cambiar y envíala a otras cinco mil personas. Después, observa los índices de respuestas. ¿Has obtenido un índice de respuestas positivo considerable? Eso puede indicarte que vayas en esa dirección. Si obtienes un índice de respuestas negativo, si las ventas caen y todo eso, mucho más que con la otra, entonces puedes retirarte a tiempo y detenerlo. Así que la norma es siempre probar una y otra vez y demostrarlo lo más rápido que puedas.

Hoy en día las compañías a veces hacen dos o tres de estas pruebas AB sobre el mismo producto, con ligeros retoques o cambios en la oferta, el mismo día. La regla es realizar pruebas para comprobar cuál es tu punto de partida y después cambiar algo en la oferta para ver qué diferencias supone respecto a tu punto de partida. Si sube, entonces es una buena señal. Si baja, es una mala señal, y puedes retroceder. Si funciona, entonces puedes seguir adelante. Es posible llevar a cabo esto de manera constante. Las compañías lo hacen literalmente todos los días, a veces muchas veces al día, sobre todo las compañías con millones de personas en su base de datos.

DAN

¿Y qué me dices de las redes sociales? ¿Has descubierto si las redes sociales como Twitter, Facebook y LinkedIn son herramientas útiles para comunicar sobre tu marca o influir a los demás?

BRIAN

Recuerda que todo el mundo es codicioso, egoísta, ambicioso, vanidoso, ignorante e impaciente, así que siempre se están preguntando: "¿Qué gano yo con esto?" Todos los anuncios que envías intentan influir en la gente para que actúe de una forma de la que no habría sido capaz en ausencia de tu comunicación. Y la gente siempre está pensando: "¿Cómo puedo beneficiarme?, ¿cómo puedo beneficiarme?" Cuando ven el anuncio, lo primero que quieren saber es: "¿Qué gano yo con esto?" Por eso, lo importante es que el titular debe insinuar que si se presta atención a este anuncio, la mejora en tu vida será rápida, inmediata, deseable, valiosa, superior a la ofrecida por tus competidores y todo lo demás.

El principio más importante en economía es el de escasez. Yo escribí un libro titulado *Las 100 reglas infalibles para obtener el éxito*. Ahí hablo sobre varias leyes de la economía que demuestran claramente que, en el mundo de los bienes, *la escasez lo es todo*. La gente tiene una cantidad limitada de dinero, de tiempo, de recursos y de energía. Quiere obtener lo máximo por lo mínimo, por lo que está en búsqueda constante de productos, servicios y ofertas que mejoren su vida por el menor costo posible de la manera más rápida posible.

Por lo tanto, todo el *marketing* actual es un intento de alcanzar ese lugar ideal y conseguir que la gente diga: "¡Ajá! Quiero esa oferta, y la quiero ahora". Lo primero es conseguir que presten atención y después que respondan y compren el producto, lo usen y estén tan contentos con él que lo vuelvan a comprar.

En el *marketing* actual tienes que ofrecerle algo a la gente, y que pueda ser gratis, a muy bajo costo o que esté hipergarantizado. Tengo un buen amigo con un negocio en línea muy exitoso. Compra palabras clave de Google. Uno de los términos que compró es *self confidence* (confianza en uno mismo), y lo puso entre signos de exclamación o interrogación. Alguien que se sienta falto de confianza buscará eso y hará un seguimiento. Le das clic en *self-confidence*. ¿Cómo podrías tener más confianza en ti mismo, no tener miedo en ninguna circunstancia de tu vida, poder expresarte con claridad y fluidez y que la gente preste atención a tus argumentos y se vea influido por ellos, y acabe comprando tus productos y servicios?

Alguien dice: "Sí, sí, yo lo quiero". "Bien, pues entonces haz clic aquí. Y entonces, aquí está esto." Y te ofrecerán un módulo sobre confianza en uno mismo, diciendo, por ejemplo: "La persona que actúe logra el objetivo, así que la acción lo es todo para desarrollar y mantener la confianza en uno mismo. Si quieres saber más, haz clic aquí", y aparecerá una pequeña monografía o un par de párrafos sobre la acción. Después los redireccionará para que lleguen a la conclusión de que si lo que realmente quieren es desarrollar altos niveles de confianza en sí mismos tienen que leer todo este libro.

Tienes que empezar diciendo: "¿Esto es algo que tú querrías? Y si es así, ésta es una pequeña probadita de lo que obtendrías". Tienes que guiar a las personas paso a paso para que empiecen a creer: "Sí, si hago estas cosas, tendré una mayor confianza en mí mismo e influiré en la gente; me escuchará; hará lo que yo le sugiera", y al final acabarás vendiéndoles el producto sobre confianza en uno mismo.

El propósito último del *marketing* es sostener una oferta de productos que las personas quieran y necesiten al instante. Sienten que si tienen más confianza en sí mismos podrán pedir un aumento, podrán pedirle una cita a una chica, podrán establecer mayores objetivos, podrán cerrar más ventas, podrán despedir a un empleado que no cumpla con las expectativas y muchas cosas más. Todo *marketing* se basa en la oferta de algo que las personas quieren aquí y ahora.

Aquí va otro punto: hay que tratar de influir a las personas que ya quieren y necesitan el producto o servicio. No tienes que tratar de encontrar a gente que podría querer o necesitar el producto o servicio en algún lugar en el futuro; lo que quieres es encontrar a personas que necesiten el producto o servicio en este mismo momento.

Uno de los ejemplos que usamos es el siguiente: supongamos que te dedicas a vender extintores manuales, y te encuentras a un hombre con el pelo en llamas. Se trata de un buen cliente potencial; es alguien que quiere y necesita un extintor, y lo quiere y lo necesita ahora mismo. Pagaría prácticamente el precio que fuera. Los beneficios de obtener el extintor son tan grandes que está deseando tomar la decisión de compra de forma inmediata. Eso es lo que buscas en un cliente: alguien que lo quiera y lo necesite, que pueda usarlo y que se lo permita en el mismo momento en que le presentes el producto.

DAN

Ése es un buen punto. Si la gente sigue esa norma, sobre todo en lo que se refiere a la influencia en el *marketing*, puede ver que le das algo en lo que actuar o una oferta específica sobre la que intervenir, es un buen uso de las redes sociales. Si sólo dices tonterías, o hablas de un contacto que no compromete al cliente de ningún modo, la gente dirá: "Qué va, no voy a ser capaz de rentabilizar esto", porque no le ofreces una acción a seguir.

Hablemos un poco más sobre el mundo empresarial, Brian. En particular, me gustaría tocar algunas áreas dentro del mundo empresarial en las que podemos usar técnicas de influencia para marcar la diferencia. En el ámbito de los negocios hay distintas maneras de usar la habilidad de la influencia. Una de las formas más obvias es como profesional de las ventas, y es un área tan importante que la dejaremos para nuestro próximo tema, donde platicaremos exclusivamente de ella.

Para esta sesión quiero que hablemos de otras áreas distintas a la de las ventas en el mundo empresarial y que nos compartas algunos de tus mejores principios, filosofías o estrategias para ser más eficaz a la hora de ser influyente en esta área en específico.

La primera es si estás dirigiendo a otros, sobre todo a gerentes intermedios. ¿Qué les recomendarías para que pudieran ser más influyentes a la hora de lograr que sus subordinados tengan un rendimiento más eficaz?

BRIAN

El punto de partida es darse cuenta de que todo el mundo tiene sus motivos para hacer las cosas, que no son los mismos que los tuyos, por lo que siempre que presentes una idea nueva, una información nueva, debes hacerlo como una manera de mejorar la vida o el trabajo de la otra persona, quien tiene que sentir una conexión directa entre lo que le estás pidiendo que haga y una mejora en su condición.

Recuerda este principio psicológico básico: las personas sólo actúan para mejorarse a sí mismas de algún modo. Así que tienes que mostrarles que si hacen bien este trabajo pueden mejorar su situación, pueden contribuir más, y eso hará que sean más valiosos, lo que, a su vez, les hará ganarse el respeto de los demás, y eso les demostrará a todos que son capaces de soportar una mayor responsabilidad y así poder ganar más ingresos. Hay que pensar siempre en lo que los demás quieren. Muéstrale a la gente de negocios cómo estará mejor, cómo recibirá más respeto, cómo obtendrá resultados superiores, cómo avanzará si hace un buen trabajo.

Aquí decimos que los soldados profesionales rezan por la paz, pero esperan la guerra. Rezan por la paz porque la guerra es terrible y se mata a gente, pero esperan la guerra porque ahí es donde tienen oportunidades para ascender rápidamente. Donde hay muchas posibilidades de que te ganes las medallas, según se dice, de que actúes en una situación peligrosa y de que consigas resultados victoriosos en el campo de batalla que te lleven a un rápido ascenso. En un periodo de guerra te pueden ascender con mayor rapidez en unas pocas semanas o meses, algo que no ocurriría en una carrera entera en tiempos de paz.

Así que ésa es una de las maneras de influir en la gente: diciéndole que si hace un buen trabajo, le puede abrir todo tipo de puertas. Eso es importante, porque los seres humanos, como ya dije, son vagos, codiciosos y ambiciosos. La gente quiere progresar, quiere avanzar, y las oportunidades para conseguirlo la motivan a hacer un mejor trabajo.

DAN

Brian, estoy seguro de que has estado sentado frente a juntas de directores y has aconsejado a muchas compañías. Si eres miembro de una junta directiva, ¿de qué forma puedes resultar de ayuda e influir en un director ejecutivo o un propietario que te haya pedido estar en esa junta? ¿Cuál crees que es tu papel y cómo puedes tener más influencia en casos como ése?

BRIAN

Pertenezco a dos o tres juntas directivas, y debido a mis antecedentes en planeación estratégica, muchas veces me piden que lleve a cabo un ejercicio en torno a este tema para la organización. Antes de la reunión hablo con los distintos miembros de la junta que sé que son influyentes y a quienes escuchan más los demás. En lugar de plantearles un montón de ideas nuevas, repaso los temas que tengo previsto tratar. También hablo de dónde nos gustaría estar sobre la base del consenso al final del día y les digo que en verdad necesito sus aportaciones. ¿Tienen alguna pregunta o sugerencia sobre cómo podemos hacer que esta reunión sea todo un éxito y lograr el consenso de todos hacia un nuevo rumbo? Les pregunto eso y digo: "Todo el mundo en la junta los respeta mucho, así que cuanto digan, sus contribuciones, también serán muy respetadas, y es por eso por lo que agradecería muchísimo su ayuda".

Hice esto precisamente el mes pasado. De hecho, dirigí la reunión de una junta de una gran organización internacional, y antes del encuentro abordé de esa misma forma a los principales miembros de la junta. Éramos unas 22 personas. Daba vueltas alrededor de la mesa diciendo: "Bill, Ed, Sam, Jerry, ¿qué piensan de esta idea en particular, o de esta dirección?" Ellos estaban preparados y me dieron su punto de vista, sus pros y sus contras. Fueron muy claros y coherentes, y me decían: "Yo recomendaría que fuéramos en esta dirección", que era lo que habíamos hablado con anterioridad.

Al final de la reunión habíamos alcanzado un consenso y también habíamos conseguido un alto nivel de acuerdo. Y estas personas eran más respetadas y tenían mayor prestigio. En los descansos, la gente los miraba y les decía: "Hizo comentarios muy pertinentes. Su participación fue muy valiosa". Y ellos estaban felices; la junta estaba feliz. El presidente, con quien yo había trabajado muy de cerca tras bastidores, estaba encantado, porque de quienes había esperado recibir obstáculos habían resultado ser sus mayores apoyos.

Ya hemos hablado sobre la preparación de más; en este caso hablamos de planificar con antelación. Si quieres que más de una persona en una reunión se ponga de tu lado, habla con ellos antes. Haz que se suban al barco, cuéntales lo que estás intentando hacer, dónde pretenden llegar, y haz que aporten su granito de arena. Es increíble lo que te pueden ayudar.

DAN

Hablando de reuniones, todos hemos estado a veces en reuniones interminables, en las que parece que lo único que se hace es dar vueltas y vueltas a lo mismo. Te vas de la reunión y nadie sabe quién tiene la pelota, no se resuelve nada, no se consigue nada. En el pasado formé parte de organizaciones en las que había reuniones de dos horas y media en las que se planteaban un montón de asuntos. Se terminaba y al día siguiente uno no tenía ni idea de lo que había salido de esa reunión.

¿Qué sugieres respecto a las reuniones en general? ¿Cómo puedes ser más influyente y lograr que las reuniones sean más fructíferas, de modo que sí se logre el objetivo y se empiece a actuar?

BRIAN

Mira, esto es lo que yo hago. Doy comienzo a la reunión y explico el panorama general: "Hoy nuestro trabajo es tomar decisiones fundamentales para estas áreas determinadas". Después, digo: "Éste es mi método. No buscamos una democracia, en la que algunos voten a favor, otros en contra, algunos se apunten y otros no. Queremos alcanzar un punto en el que todos los aquí presentes lo tengan tan claro y estén tan satisfechos que logremos un consenso y todo el mundo esté de acuerdo. Para eso, necesito sus mejores ideas y contribuciones. Y mi trabajo aquí es hacer que éstas salgan a la superficie".

Uso una técnica; por ejemplo, saco un billete de 100 dólares y lo cuelgo con un clip o una pluma en una pizarra, y digo: "Este billete será para la primera persona que haga una pregunta tonta o un comentario tonto en el transcurso de nuestra discusión de hoy. Y les puedo prometer algo: nadie va a llevárselo, porque no existe tal cosa como una pregunta, un comentario o una observación tontos. Todo se considera".

Ellos se ríen cuando hago eso, y entonces hacen algunas preguntas chistosas, a veces tontas, y así sucesivamente, y yo digo: "No, nadie se lleva los 100 dólares". Entonces seguimos y todo el mundo se siente muy relajado: ¿qué pasa con esto o con esto otro? ¿Qué tal si hacemos esto, o por qué no hacemos eso? ¿Hemos pensado alguna vez en hacer esto, que es lo opuesto a lo que estamos haciendo?

Yo, como facilitador, siempre digo: "Es una idea estupenda. Desde el punto de vista opuesto, una de las cosas que se tienen que preguntar es si deberíamos estar o no en esta área. Y ésa es una buena pregunta. Pero aun así, nadie se va a llevar los 100 dólares". Es increíble. Todo el mundo comparte sus mejores ideas y contribuye en las soluciones, y hacia el final del día todos empiezan a decir: "Sí, esto es genial". Así que si vas a dirigir una reunión, es muy bueno comentar: "Acabaremos el día con un consenso absoluto. Todo el mundo estará de acuerdo y estaremos felices con la conclusión".

DAN

Cuando llegas a la conclusión, ¿cómo te aseguras al dejar esa reunión de que la semana siguiente, cuando se vuelvan a reunir, se habrán acercado al objetivo que se estableció en la reunión (en otras palabras, que la gente está avanzando)? ¿Tienes algún método para que la gente se responsabilice?

Yo he estado en reuniones así. Alcanzas el consenso. Todo el mundo dice: "Esto es genial", y tú estás de acuerdo. Cada quien se va por su lado, y cuando regresas a la semana siguiente sigues teniendo el consenso, pero no se ha avanzado en absoluto en el desarrollo del plan. ¿Conoces alguna forma de asegurar que se cumplan los objetivos después de la reunión?

BRIAN

Ése es un gran problema, y bastante común. Todos alcanzamos consensos, chocamos las manos, nos vamos, regresamos a la semana siguiente y no ha pasado nada. El motivo es muy común: no se han asignado responsabilidades específicas a personas determinadas con un número y una fecha límite. Entonces, dices: nos pondremos de acuerdo en qué hay que hacer exactamente, en quién lo hará y cuándo lo hará, además de cómo se medirá su finalización.

Si consigues un acuerdo en esto con antelación, si todo el mundo dice: "Sí, vamos a hacer esto", ¿quién se encargará de hacerlo todo o cada parte, y cuándo y cómo mediremos los resultados? Así que llevamos a cabo una ronda y alguien dice: "Yo haré esto y lo otro". ¿Para cuándo? "Lo tendré listo el miércoles." ¿A qué hora? "A las dos de la tarde del miércoles." Bien. ¿Cómo mediremos si se hizo, a qué cifra nos atendremos? Y entonces ellos sugieren: "Habremos alcanzado esta cifra de resultados a esta hora de este día, y yo seré personalmente responsable".

Ahora ya todo el mundo lo tiene clarísimo y lo anotamos. Al estar escrito, ya contamos con minutas, y las haces circular para que todo el mundo pueda ver en papel los compromisos de cada uno y el momento exacto en el que se hará y cómo se medirá el resultado.

En el mundo de los negocios hay una afirmación maravillosa que dice que para tener éxito hay que medirlo todo. Para ser rico, hay que medir todo en el plano financiero. Lo mejor que se puede hacer para hablar de lo que sea en los negocios es adjuntar una cifra económica a cada actividad y, luego, una cifra económica a cada responsabilidad.

Esta cifra económica es la manera en que se medirá si se alcanza el objetivo o no.

DAN

Una de las cosas más difíciles que tienen que hacer los emprendedores a menudo, sobre todo en sus inicios, y sobre todo si no van a impulsar su negocio, es garantizar la financiación con capitalistas de riesgo. Si se trata de influir sobre un capitalista de riesgo, ¿qué recomendarías hacer? ¿Cómo convencerlo de que debería financiarte como emprendedor?

BRIAN

Un capitalista de riesgo se parece mucho a un banquero. Este último se dedica a conceder buenos préstamos. Un buen préstamo es aquel que se devuelve con altos niveles de estabilidad y fiabilidad. La carrera de un banquero está determinada por la frecuencia con la que concede buenos préstamos. También está determinada por el hecho de si hace o no malos préstamos. Así que siempre que hables con alguien y le pidas su dinero, lo primero que le preocupará es que se lo devuelvas. No tienen límite respecto a quiénes les prestan dinero, así que eso no es ningún problema.

Se pueden ver comerciales en televisión en los que una mujer entra en la oficina de un banquero. Tiene una buena calificación crediticia, pone los pies sobre su mesa y dice: "Yo tengo la calificación crediticia; tú puedes hacerlo mejor". Actúa como si fuera la dueña del banquero debido a su solvencia, y el banquero actúa como si él tuviera que consentirla para otorgarle el préstamo. Bueno, pues las personas que diseñaron ese comercial se están aprovechando de la ignorancia del público bancario. El quid del asunto es que la palabra más segura que puede decir un banquero es "no", y la palabra más segura que puede decir un capitalista de riesgo es "no", porque así no hay peligro en su carrera.

Si otorgan un crédito que no se devuelve, o incluso que se paga tarde, su carrera está contra las cuerdas, porque a este tipo de créditos los denominan *préstamos improductivos*. Cada banco tiene gerentes, de los que hay varios rangos, y a cada uno se le juzga por la cantidad de préstamos productivos que aprobó y por la de préstamos improductivos que tiene en su haber. Un banquero con demasiados préstamos improductivos, o con préstamos improductivos muy elevados, está en grave peligro. Como ya has visto, ha habido muchos casos en los que los banqueros han acabado quebrando sus bancos, por andar a escondidas de sus jefes. Otorgaron préstamos que no cumplían con los requisitos financieros, pero que, personalmente, creían que iban a ser un gran tanto para el banco. Luego tuvieron que aprobarlos cada vez más, y ocultarlos cada vez más, y al final acabaron por hundir las compañías por varios miles de millones de dólares;

sepultaron bancos enteros... enormes escándalos financieros. Son las historias más aterradoras en el mundo de la banca. La conclusión es que los banqueros quieren otorgar préstamos seguros. Tu trabajo es persuadirlos de que se trata de un préstamo seguro: si me prestas ese dinero, es seguro, es un préstamo inteligente, y te garantizo al cien por ciento que te lo devolveré.

Recuerdo cuando vine a San Diego. Abrí mi primera cuenta bancaria, una cuenta corporativa, y fui a que me prestaran dinero. Pues no tenía ni idea. Mi negocio llevaba cinco años funcionando, pero había sido en Canadá. Me mudé. Tenía activos, tenía efectivo, tenía el dinero suficiente para alquilar oficinas y comprar y alquilar muebles, tenía un hogar, dinero, un carro y una cuenta bancaria. Aun así, te tratan como si fueras un vagabundo sin un centavo, que acaba de llegar de la calle pidiendo limosna.

Tiempo después me hice buen amigo del banquero. Me enteré de que buscan una garantía de cinco dólares por cada dólar que prestan, así que tienes que demostrar que si te conceden un dólar tienes cinco dólares en alguna parte para respaldarlo. Yo tuve que demostrar que tenía regalías procedentes de lugares como Nightingale-Conant por los programas de audio, y tuve que ceder esos derechos al banco para que, si me retrasaba en el pago, Nightingale-Conant pagara esas regalías directamente al banco, y no a mí. Tenía una casa, y tuve que hipotecarla con ellos. En esa época había que hacer un depósito de 20% para conseguir una hipoteca, así que tenía, digamos, más de 100 mil dólares de capital en mi casa y también tuve que cederlos. Y todo esto para un préstamo de 50 mil dólares.

Además, tenía un negocio con clientes y cuentas por cobrar; tenía entrada de dinero, y también tuve que cederla; y mi carro. Tuve que ceder una propiedad que había comprado con otros dos inversores. Básicamente, tuve que reunir todo lo que era aceptable para ellos, cinco dólares por cada dólar que quería que me prestaran antes de que ellos me concedieran el crédito, y acabé por lograrlo.

Ésta es la norma para la primera vez que tratas con un banco. Para alguien que no tiene historial crediticio con ellos, lo normal es que exijan una ventaja de cinco a uno, un aval de cinco a uno.

Recuerdo a un profesor que en una de sus clases comentó que cuando empiezas tu propio negocio nunca jamás debes invertir tu propio dinero. Tienes que invertir el del banco. Tienes que ir a un banco, guardarte tu dinero para tus reservas y para tus gastos, y no gastarte ni un centavo; debes conseguir que el banco lo invierta. Y así es como preparas un estado financiero que demuestre al banco que generarás las ventas y los ingresos y que todo estará bien.

Aún sigo sin creerme cómo decía eso… y estaba aconsejando a estudiantes de maestría. Si entraras en un banco con una idea como ésa (no voy a invertir nada de mi dinero en esto, pero espero que ustedes lo financien al cien por ciento gracias a mi precioso plan de negocios) se reirían en tu cara mientras te acompañan hasta la calle. El personal del banco saldría a la puerta y se reiría de ti por lo absurdo de la propuesta.

Volviendo al tema de recaudar dinero, la manera en la que consigues influir en ellos es persuadiéndolos de que eres una apuesta segura. Debido al dinero que estás generando, al que generaste en el pasado y tu éxito en otras experiencias del pasado, éste es un préstamo seguro.

Sobre todo en Silicon Valley, habrá una persona que trabajará y repasará todo esto de lo que estoy hablando para que un banco le preste un poco, y después un poco más, y otro poco más, y por último le acabe proporcionando una gran cantidad de dinero. Al final tendrá éxito. Hay que empezar a gatear despacio para acabar gateando más rápido; se empieza a caminar con calma antes de poder caminar con calma. Finalmente, alcanzas el punto en el que tienes éxito y ganas mucho dinero. Todos tus inversores reciben su inversión, al igual que tus banqueros, y abres la botella de champán, haces tu oferta pública de venta (OPV) y todo el mundo gana dinero.

Después de eso, los bancos están encantados de ayudarte, porque eres un producto probado. Has demostrado que puedes tomar el dinero de los demás, trabajar con él, generar beneficios y devolverlo. Los banqueros siempre apoyan a una persona que ha tenido éxito en los negocios. Les encanta prestar dinero a la gente que ha demostrado que puede tomar su dinero y hacerlo crecer de forma segura y confiable.

Otro aspecto que buscan los banqueros o las fuentes financieras es tu capacidad de alcanzar tus objetivos financieros. Peter Drucker ya lo dijo. Supongamos que sugieres que en tu primer año vas a alcanzar 100 mil dólares en ventas y 10 mil dólares de beneficios, el segundo año serán 250 mil dólares, el tercero, 500 mil dólares, y así sucesivamente. Lo que hacen los banqueros es vigilar la precisión con la que alcanzas tus objetivos financieros, y tan malo es que falles a la baja como a la alza.

Digamos que habías previsto alcanzar 100 mil dólares en tu primer año y llegaste a los 200 mil. Ese dato le dice al banquero que no entiendes tus cifras, que no entiendes tu negocio. Y es verdad que no sabías lo que estabas haciendo. No pudiste hacer las previsiones correctas. No comprendiste tu mercado, tus precios, tus competidores. La gente piensa: "Le gané al banco, hasta superé todas mis previsiones". De hecho, un proveedor financiero piensa que eso es algo negativo, porque significa que no sabes lo que haces en el plano económico.

Por eso, el hecho de ser muy, muy cuidadoso con tus previsiones financieras y de asegurarte de que sean precisas, y después dar en el clavo con ellas, te otorga una gran influencia sobre los proveedores de finanzas. Alguien con un buen historial de aciertos en sus cifras, de ser puntual, de cumplir con las ventas y los beneficios, es una persona a la que es seguro prestarle, por lo que puedes tener una gran influencia.

Trabajé con un hombre que podía pedir prestados 50 millones de dólares con una llamada telefónica. Yo vi cómo lo hacía. Se trataba de un importante negocio del que me había puesto a cargo, y yo había hecho una completa propuesta financiera y averiguado cuánto necesitaríamos para 18 meses. Así que llamó al presidente de un importante banco y le dijo: "Necesito 50 millones de dólares. Aquí tengo todos los cálculos, y te los enviaremos para que los revises. Pero voy a necesitar aproximadamente unos 50 millones, y después de eso podríamos estar hablando de un negocio con un tamaño dos o tres veces mayor". El banquero dijo: "Está bien, Charles, si tú dices que los números son buenos, entonces lo aprobaremos por teléfono. Envíanos la documentación".

DAN

Brian, otro aspecto vital para tu negocio en la actualidad es la contratación de grandes talentos. Y se dice que la diferencia entre las empresas hoy en día es básicamente el poder cerebral de sus empleados. ¿Cómo se puede contratar a grandes talentos e influir en algunos de los mejores y los más brillantes, los que mejor funcionan, para que trabajen en tu organización? ¿Qué tipo de situaciones influyen en los grandes talentos para lograr que se unan a ti?

BRIAN

En primer lugar, si estás buscando talentos, no hay nada como hacer tu tarea, es decir, comprobar a fondo los antecedentes. Algunas de las mayores compañías del mundo han cometido errores gravísimos por no verificar la suficiente información. Para mí, en los negocios, esto es lo más importante.

La gente tiende a ser parcial respecto a sus logros. Nosotros solíamos grabar muchos videos (seguimos haciéndolo), y para eso contratábamos a alguien, que casi siempre trabaja por su cuenta. Decían que habían estado a cargo de la producción tal y que habían filmado un video para la compañía tal, y entonces tú decías: "Genial". Pero lo comprobabas y descubrías que habían sido el camarógrafo, o el encargado del sonido en la grabación. Te habían dicho que lo habían producido, pero resultó que eran una de las 12 personas del equipo que lo había producido. Eso es lo normal en el sector: que una persona se lleve todo el crédito de algo en lo que trabajaron otras más.

En lo que se refiere a los negocios, supongamos que alguien dice que está a cargo de armar una división multimillonaria de una compañía. Entonces llamas a la compañía y les preguntas: "¿Qué cargo desempeñaba esta persona en este proyecto?" Al final resulta que era uno más de un equipo de muchas más personas.

Según los grandes cazatalentos, 54% de todos los currículums son exagerados, son mentiras. Así que cuando entrevistas a alguien y revisas su currículum dices: "Voy a hablar con todos los que aparecen en la lista de recomendaciones. ¿Hay algo de lo que podrían decirme que pueda contarme usted antes?" Y te sorprenderías. Ahí es cuando empiezan a contar toda la verdad.

Así que hay que hacer comprobaciones una y otra vez. La norma es consultar al menos a tres personas que hayan trabajado con esa persona. Pregunta: "¿Con quién trabajó?, ¿quién era su jefe?, ¿quiénes eran las personas más importantes con quienes trabajó?", y le llamas a uno por uno. Uno de tus colaboradores podría dar información muy valiosa. Verifica mucha información. El único indicador real del rendimiento futuro es el rendimiento pasado, así que de lo único que puedes depender es del hecho de que una persona ya lo haya hecho y de que alguien más diga que lo hizo. "Sí, esta persona estuvo a cargo e hizo esto, e hizo un gran trabajo." Bien.

Hablamos de la transferibilidad de resultados. Contratas a alguien porque crees que en algún otro lugar obtuvo resultados que pueden trasladarse a tu situación, y que conseguirá los mismos para ti que en la otra organización. Así que si te van a contratar, tienes que demostrarles que sí, que de hecho sí obtuviste esos resultados.

Afortunadamente, he tenido algunas buenas experiencias en mi carrera, en la que he importado vehículos por un valor de 25 millones de dólares y los he vendido. He desarrollado propiedades por un valor de 300 millones de dólares y las he vendido o alquilado. Después de todo, mi cliente, que era dueño de toda la propiedad, se quedaba con el dinero y los alquileres, y la propiedad se vendía o se alquilaba en su totalidad y tenía inquilinos, y todo el mundo podía verificar que eso era cierto.

Así que lo más importante es comprobar. Si vas a contratar a alguien, verifica y vuelve a hacerlo. Si te van a contratar, asegúrate de que puedes demostrar que das lo que ofreces.

DAN

Genial. Supongamos que tienes un empleado al que realmente quieres y en el que te has fijado; sabes que su rendimiento es alto. Pero tiene un par de ofertas de otras organizaciones. ¿Qué aspectos has descubierto que influyen para convencerlo de que tu organización sería el lugar ideal y el entorno más atractivo para grandes talentos como él?

BRIAN

Microsoft, Google o Apple son ejemplos perfectos. Éstos son los tres lugares más atractivos donde conseguir trabajo. Son lugares donde aceptan becarios, personas que trabajan por poco o nada durante tres a seis meses sólo para demostrar su capacidad. Disponen de programas de prácticas y les dan tareas, y después supervisan sus tareas con frecuencia, con clases para los becarios y todo eso. Y el trabajo de los becarios es demostrar que si la compañía los contratara de tiempo completo, serían unos trabajadores excelentes.

Se sabe que si trabajas para Google durante dos años puedes conseguir trabajo en cualquier compañía de alta tecnología en Estados Unidos, o quizás en todo el mundo. Y por eso la gente va a trabajar a Google a cambio de una miseria, o incluso de prácticas. Si pueden conseguir un trabajo y permanecer en Google durante dos años, y después deciden que quieren irse, casi cualquier compañía de alta tecnología los contratará, porque los parametros de Google son muy altos. El mes pasado Google necesitaba a siete personas. Pusieron un anuncio para buscar a esas siete personas y obtuvieron más de cinco mil solicitudes. Y se trata de los mejores graduados de las mejores escuelas, graduados en Ciencias, Matemáticas, Tecnología e Ingeniería: conocen perfectamente esas cuatro materias, y eran los mejores de los mejores, y había más de cinco mil, porque sabían que si podían poner un apartado en su currículum con dos años de trabajo en Google, entonces podrían conseguir trabajo con las mejores y más grandes compañías con los mejores salarios.

Tenía un amigo que iba pasando de un trabajo de alta tecnología a otro. En el primer trabajo, para una compañía en Silicon Valley, creo que le pagaban 80 mil dólares al año. Después lo contrataron en Apple por 120 mil dólares al año más una bonificación por firmar. Al año siguiente lo contrataron en Google por 250 mil dólares al año más una bonificación. Gracias a este historial, le ponían el dinero en la mano, a los 25 años. Un tipo muy listo, es verdad, pero aun así se debía a su experiencia.

Hablé con un amigo mío que era el dueño y dirigía dos restaurantes muy exitosos que estaban llenos todo el tiempo. Le pregunté: "Mitch, ¿cuál es el secreto para tener un restaurante con tanto éxito?" Y él me respondió: "Es muy sencillo. Ponlo en el plato". Dije: "¿A qué te refieres?" Me respondió: "Puedes tener toda la decoración, las luces, la caoba, la música y el personal que quieras, pero lo más importante es lo que pongas en el plato. Se trata de lo que le sirves a la gente, de cómo se ve y cómo sabe, eso es lo más importante de todo".

Hace poco estuve escuchando un programa de audio sobre cómo tener éxito como orador profesional. Una de las recomendaciones, que es muy frecuente, es subirse al estrado. Es decir, la mejor promoción para que te contraten como orador es dar charlas realmente excelentes, de manera que cuando las des, las personas queden impresionadas por lo que dices. Si puedes lograrlo, entonces te contratarán una y otra vez. Ponlo en el plato.

Pasa lo mismo con tu carrera. Antes dije que 90% de los éxitos en los negocios se basan en la calidad del producto según lo percibe el cliente en comparación con el de la competencia. Las compañías con más éxito tienen los productos de mayor calidad; las segundas tienen los segundos de mayor calidad y así sucesivamente. La tercera y la cuarta… nadie sabe siquiera su nombre. Si eres dueño de un negocio, concéntrate en ofrecer un producto de muy alta calidad. Si eres un profesional, 90% de tu éxito estará determinado por la calidad del trabajo que hagas. Si haces un trabajo de una calidad excelente, eso te llevará a cualquier parte. Va a ser casi como una banda musical que recorre la calle anunciando que tu trabajo tiene una calidad excelente. Y las personas te buscarán.

A veces le pregunto a mi público: "¿Cómo puedes saber si una compañía está vendiendo productos realmente populares, por ejemplo, una tienda?" Bueno, la respuesta es que hay mucha gente que entra en la tienda, como Krispy Kreme Doughnuts. En su momento de mayor fama había gente haciendo fila en la calle para comprar Krispy Kreme Doughnuts. A veces podía verse una fila de 100 personas. Las compraban por docenas, y se sentaban en la banqueta o en las mesas y se las comían ahí mismo, porque las donas estaban deliciosas.

Entonces, ¿cómo saber si un restaurante es bueno? Si está lleno. ¿Cómo saber si una tienda es buena? Si está llena. Así que, ¿cómo puedes saber si eres muy bueno en tu trabajo? Ésta es la respuesta: si recibes ofertas de empleo frecuentes. La gente siempre te está ofreciendo un mejor trabajo, y se disponen a pagarte más si trabajas para ellos.

No voy a avergonzar a nadie hoy aquí. Haré la pregunta, pero no levanten la mano. La pregunta es: ¿cuántas ofertas de trabajo tuvieron este mes? ¿Cuántas personas se les acercaron en privado, en público, les han llamado a casa, a su oficina, las han invitado a tomar un café, té o comida y ofrecido un trabajo y un aumento en su sueldo? Porque ésa es la forma en la que el mercado te dice lo que estás poniendo en el plato. Ésa es la manera en la que el mercado te dice que estás haciendo un trabajo de primera, porque todo el mundo conoce a quien hace el mejor trabajo.

He trabajado con dueños de compañías que iniciaron negocios. La primera pregunta que hacen es: "Muy bien, si nos fijamos en la competencia, ¿cuál es la mejor compañía de la ciudad en este sector?" Y ellos dicen: "La compañía ABC" o "IBM". Y dicen: "Genial. ¿Quiénes son los mejores ahí?" Averiguan quién es el mejor vendedor, el mejor gerente, el mejor contador y auditor, el mejor transportista, etcétera. Después, dicen: "Bien. Programa una cita conmigo. Quiero hablar con esa persona".

Lo llaman y le dicen: "Mi jefe es el presidente de esta nueva compañía, y le gustaría invitarlo a comer".

Tenía un amigo que hacía esto constantemente. Preguntaba: "¿Cuánto le pagan ahí?" "No sé si puedo decirle eso." "No pasa nada. Es confidencial. Sólo dígame cuánto le pagan por hacer su trabajo ahí." Y entonces la persona mencionaba: "Me pagan 110 mil dólares al año". Y mi amigo: "Le voy a decir algo: le pagaré 50% más si viene a trabajar para mí por el mismo empleo". Si se trataba del presidente de la compañía, del número uno, él decía: "Está bien, le pagaré el doble. Sea lo que sea lo que le estén pagando, le pagaré el doble".

La otra persona responde: "Oye, eso es mucho dinero". En ese momento, su mente empieza a bailar entre algodones. ¿Qué podrías hacer con el doble de ingresos? Duplicar el tamaño de tu casa, meter a tus hijos en escuelas privadas, irte de vacaciones a París, comprarle a tu mujer un buen traje de una reconocida marca y algunos trajes a la medida para ti, comprar muebles nuevos, una alberca nueva en el jardín o unirte a un club de golf. Piensa en todo lo que podrías hacer si ganaras el doble.

Un amigo mío le tomó la palabra y le dijo: "Está bien. Aceptaré su oferta. ¿Pero cómo va a pagarme el doble? Según sus estados financieros, la compañía va saliendo adelante, pero no tiene tanto dinero". Y la otra persona dijo: "Tú serás quien descubra cómo. Eres el presidente. Eres tú quien dirige la compañía. Averiguarás de dónde sacar las ventas extra y la rentabilidad para poderte pagar tu sueldo. ¿Te ves capaz de hacerlo? Si no puedes hacerlo, entonces estoy hablando con la persona equivocada".

Mi amigo dijo: "No, no, espera un minuto. Sé que podemos impulsar tus ventas". Eso es lo que este emprendedor haría.

Contrataría más personal; compraría muchas compañías y ésta es su estrategia normal. Preguntó: "¿Cómo vas a conseguir el dinero?", y después él dijo: "Tú lo conseguirás por mí. Vas a aumentar las ventas y la rentabilidad para que podamos permitirnos pagarte el doble". Y estas personas casi siempre terminan haciéndolo.

DAN

Eso es genial. Es ver a las personas como una inversión, no como un coste. Las ves como una inversión y también les das el incentivo de hacer crecer el negocio. Es brillante.

Capítulo 5

La influencia en las ventas

DAN

Brian, ahora me gustaría hablar contigo sobre la que considero la profesión más influyente, que es la de las ventas. Sabes más de este tema que nadie que conozca. Tengo muchas ganas de hablar de eso contigo, porque es una profesión que se basa en influir en los demás para que tomen decisiones de compra para su propio interés.

Quiero que me hables de esto con todo detalle, sobre todo porque habrá vendedores leyendo este libro y esperando recibir algunas estrategias específicas que aplicar en su vida. Pero además, en muchos aspectos todo el mundo tiene una parte de ventas en su profesión, sea la que sea. La gente tiene que ser capaz de vender sus ideas, tal como hemos hablado, a los capitalistas de riesgo. Incluso tienes que saber venderles tu visión del mundo a tus hijos.

¿Cómo están relacionados el éxito en las ventas y la influencia en la profesión de vendedor? ¿Cómo se aprende a influir en un cliente sin irse hasta el extremo de ser demasiado agresivo o prepotente? ¿Cómo se consigue ese equilibrio?

BRIAN

Daniel Goleman escribió un libro hace algunos años que fue un gran éxito de ventas, titulado *Inteligencia emocional*. Decía que tu coeficiente emocional es más importante que tu coeficiente intelectual, y que el coeficiente emocional es tu capacidad de interactuar de manera eficaz con los demás. Consideraba que eso representaba 85% de tu éxito; tu capacidad de persuadir, de influir, de negociar, de comunicar, de motivar a las personas a que hagan (o no hagan) cosas que no habrían hecho en ausencia de tu influencia. Las personas con más éxito en cada campo son más influyentes que los demás. Tienen un impacto en los otros: los escuchan y los motivan a hacer o no hacer cosas.

Yo comencé en el terreno de las ventas de joven. De hecho, empecé vendiendo de puerta en puerta a los 10 años. Vendía jabón. Luego, vendí mis servicios para cortar el pasto y después vendí árboles de Navidad y periódicos. Enseguida trabajé varios años como obrero. Regresé a las ventas a los 24 años, salí y me dediqué a tocar puertas. El proceso de capacitación en ventas en ese momento era el siguiente: aquí tienes tus tarjetas, aquí tienes tus folletos, ahí está la puerta. Yo solía bromear con que tratar de ganarse la vida vendiendo sin ningún tipo de capacitación era el mejor programa de pérdida de peso del país. Perdí unos cuatro kilos y medio cuando empecé a vender, porque trabajaba muchísimas horas tocando puertas, presentando mi producto y sin cerrar ni una venta.

No tenía miedo de trabajar, porque hasta ese momento había trabajado como obrero, en fábricas, molinos, barcos e incluso granjas. Salía a tocar puertas todo el día. Calculé que probablemente tocaba entre 60 y 70 puertas al día. Durante mi primer año en ventas haría unas 20 mil llamadas, unas 70 llamadas al día. Me rechazaron probablemente 19 500 veces. Pero yo seguí tocando puertas, hasta que finalmente comencé a preguntarme: ¿por qué hay personas que tienen más éxito que otras? Descubrí que el proceso de ventas es muy parecido al de la comunicación, o la persuasión o la influencia.

Imagínate que estás tocando puertas, y estás conociendo a personas que nunca habías visto antes. Tu objetivo es pasar de ese instante en que las conoces a persuadirlas de que te den dinero para comprar tu producto, de modo que tú te vayas de ahí con su dinero y ellas con tu producto. En la actualidad, por la manera en que están diseñadas, las ventas consisten en prometer que tu producto o servicio es lo que dices que es y que hará lo que se supone que tiene que hacer, y luego cumples tu promesa. Es decir, que la gente te está dando dinero a cambio de promesas, y ésa es una venta muy difícil. Vas por ahí diciendo: "Tengo promesas. ¿Quién me da dinero?" Es como si estuvieras vendiendo aire, por así decirlo.

Al cabo de seis meses, fui con uno de los mejores vendedores de mi compañía y le pregunté: "¿Por qué tú tienes mucho más éxito que yo? ¿Por qué vendes 10 veces más que cualquiera de los demás?" Tenía un montón de dinero; tenía mucho éxito. Él me dijo: "Enséñame tu proceso de ventas y te haré algunos comentarios". Yo le dije: "No tengo ningún proceso de ventas. Simplemente me pongo frente a las personas y hablo con ellas. Les hablo de mi producto, les hablo de mi servicio y les cuento cómo funciona". Él me dijo: "No, así no es como se hace. Lo primero que hay que hacer cuando conoces a alguien nuevo es hacerle preguntas". Antes hablamos de ser encantador y hacer preguntas. Cuantas más hagas y escuches las respuestas, mejor caerás y más confiarán en ti.

Desde ese día comencé a estudiar el campo de las ventas. Lo primero de todo, en lugar de hablar, hacía preguntas. Les preguntaba qué estaban haciendo en lo que tenía que ver con mi producto. ¿Les estaba funcionando, y cuáles eran sus planes para el futuro, y sus objetivos? Si podía enseñarles una mejor forma de alcanzar sus metas, ¿les interesaría echarle un vistazo? Sólo por hacer preguntas, mis ventas subieron y subieron, y al cabo de un año se habían multiplicado 10 veces más. Comencé a leer todos los libros y artículos sobre ventas que pude; y a escuchar los primeros audiolibros sobre ventas... eso fue hace tiempo, como ya dije.

Comencé a tomar seminarios y talleres sobre ventas, a los que nunca había asistido antes, y escuché a los mejores decir: "Así es como vendemos nuestro producto". Siempre empezaban con una presentación, una introducción, luego establecían una conexión y hacían preguntas para conseguir caer bien, y después escuchaban atentamente las respuestas. Después había que averiguar lo que estaba haciendo el cliente potencial y qué era lo que necesitaba, y luego le mostraban cómo podía ayudarle el producto o servicio a lograr sus objetivos, cómo podía mejorar su vida más rápido de lo que estaba haciendo en ese momento y por un precio razonable. Después había que responder sus preguntas u objeciones, cerrar la venta y, por último, conseguir reventas, recomendaciones y referencias... todo de lo que ya hemos hablado.

Cuando empecé a estudiar esto, descubrí que ya se habían llevado a cabo muchísimas investigaciones al respecto, muchos millones de dólares, no sólo sobre el proceso de ventas, de lo que hace un vendedor exitoso, que es de lo que tratan básicamente todos los libros en las estanterías de las librerías. También había alguna investigación sobre el proceso que sigue el cliente, empezando por el *telemarketing*: reunirse con el vendedor, no habiéndolo visto antes y sin haber pensado jamás en su producto. ¿Cuál es el ciclo por el que pasan y que los lleva a decir: "Aquí está mi dinero"? Comencé a estudiarlo desde ambos lados, y descubrí que los dos encajan como dos engranajes, o como una mano en un guante, y que si vendes de la manera en la que compra el cliente, entonces cada vez haces más y más ventas.

Esto fue muy sorprendente para mí, así que retrocedí y revisé la investigación. Descubrí que había muchos intentos por hablar de las relaciones, pero la gente ya las daba por sentadas: es parte del proceso de ventas; claro que tienes que establecer una relación. Lo que descubrí, al igual que Theodore Levitt de la Escuela de Negocios de Harvard, es que todas las ventas son de relaciones; vender es vender relaciones. Todo tu éxito viene determinado por cuánto te conoce el posible cliente, cuánto le gustas, cuánto confía en ti, si se siente cómodo contigo y si está deseando comprarte a ti.

Había un libro que salió publicado en 2006 titulado *The Likeability Factor*. Básicamente decía, en una escala del 1 al 10, ¿cuánto les gustas a tus clientes? Porque eso va a determinar exactamente si el cliente te comprará o no. Incluso aunque quieran tu producto o servicio, no te comprarán a ti a menos que les gustes y confíen en ti y sientan que estás actuando para su mejor interés.

Comencé a enseñar esto. Lo llamé: "La psicología de las ventas" y después: "La nueva psicología" de las ventas. Y como ya sabes, el programa de audio *La psicología de las ventas,* que era una versión ampliada de lo que estamos tratando aquí, se convirtió en el programa más vendido de audio sobre ventas del mundo. Está traducido a 16 idiomas. Muchas personas se hicieron millonarias. Incluso personas que se habían graduado de los mejores cursos de capacitación de las compañías más grandes atribuían a este curso el haberlas hecho millonarias, que pasaran de la pobreza a la riqueza.

Me invitaron a hablar para una gran compañía, situada en la lista de *Fortune 500*, y mi seminario empezaba, pongamos, a las 10:30 de la mañana. Llegué al hotel, uno precioso. Había un enorme buffet y me uní a él. Me dieron un plato de desayuno y me senté con otras cuatro o cinco personas.

Yo no los conocía a ellos ni ellos me conocían a mí, así que me senté y me presenté. Les dije: "Soy Brian Tracy. Soy el orador de hoy". Uno de ellos dijo: "¿Usted es Brian Tracy? Vaya, eso es increíble. La primera vez que escuché su programa *La psicología de las ventas* estaba en el nivel más bajo de mi equipo de ventas. Llevaba muchos años allí y la estaba pasando mal. Y hoy soy el mejor vendedor de mi compañía".

El otro tipo dijo: "Eso no es nada. La primera vez que yo escuché el programa de Brian Tracy era vendedor y me iba bastante bien. Pero me fue tan bien que fui ascendiendo y me convertí en el vicepresidente de ventas de toda la compañía a nivel nacional".

Y el tercero dijo: "Bueno, yo tenía la misma historia. Pero tuve tanto éxito que me ofrecieron parte del negocio. Lo compré y acabé adquiriendo la parte de los demás socios". Era una corporación nacional. "Y ahora soy el dueño de la compañía —dijo—. Y todo gracias a que escucho el programa de Brian Tracy." Y el cuarto dijo: "¿Quién demonios eres tú?" Y los demás le dijeron: "Este tipo hace cosas que te transforman la vida".

Por eso me habían invitado a hablarle a este grupo, de cientos de personas. Eran muy exitosas, y todas, con unas pocas excepciones, usaban mi *Psicología de las ventas* como su biblia. La semana pasada hubo gente que me dijo: "*La psicología de las ventas* cambió mi vida". Alguien me había dicho lo mismo dos semanas antes. Gente de Europa, de todo el mundo, dice: "La estaba pasando mal, y estaba dentro de la media, pero entonces escuché tu programa *La psicología de las ventas*".

Cuando tenía 24 o 25 años, comencé a aprender sobre la psicología de las ventas. ¿Qué proceso de pensamiento siguen las personas para tener éxito como vendedores? ¿Por cuál proceso de pensamiento tienes que guiar a la gente para que te compre?

Esto resulta ser cierto en todo el mundo. Funciona en China, en Rusia. Los principios funcionan en África, en toda Asia, en toda Europa y en todo Estados Unidos. Por eso se convirtió en el programa de audio más vendido sobre ventas del mundo.

Básicamente, lo que descubrí es que las ventas son la influencia llevada a su máximo nivel. Voy a hablar ahora de las siete habilidades esenciales que se usan.

Está claro que el primer punto clave en las ventas es que antes de empezar a hablarle a una persona tienes que averiguar si ésta quiere o no tu producto o servicio, si lo necesita, lo puede usar y se lo puede permitir. No tiene caso comenzar a hablarle a alguien y tratar de venderle tu producto o servicio si es obvio que no está interesado, no lo necesita o, por su situación de vida actual, no lo quiere. Así que lo primero de todo es descubrir en una conversación informal cuáles son sus metas, sus objetivos a largo plazo, los problemas a los que se enfrenta, su situación laboral o vital actual y todo eso. Además, con esa conversación estás creando conexión y confianza.

Justo el año pasado se escribieron dos libros sobre este tema; uno trataba acerca de la influencia y el otro de la marca personal. No recuerdo exactamente los títulos, pero ambos llegaban a las mismas conclusiones, a pesar de que estaban escritos por investigadores situados en extremos opuestos del país. Su conclusión era que lo primero que busca un cliente potencial —lo que todo el mundo busca cuando conoce a alguien— es calidez y confianza. La cordialidad y la simpatía son las cualidades más importantes. Hasta que no se hayan establecido estas dos, no hay interés en relacionarse.

Lou Holtz, el capacitador, solía decir que antes de que alguien tenga interés en hablar contigo, quiere saber la respuesta a la pregunta: ¿te preocupas por mí? Si no te preocupas por mí, ¿por qué tendría que preocuparme yo por ti? Y se hacen preguntas dirigidas a averiguar eso. Son preguntas muy sencillas, por ejemplo: ¿cómo estás? Demuestra un interés genuino cuando conozcas a una persona y le des la mano: "¿Cómo estás? Yo soy Brian Tracy. ¿Cómo te llamas?" Es un inicio muy sencillo para cualquier tipo de interacción social, porque a la gente le gusta el sonido de su propio nombre. Por eso, cuando te digan cómo se llaman, repítelo.

Si te vas a reunir con un posible cliente, puedes decir: "Muchas gracias por dedicarme su tiempo. Sé lo ocupado que está. ¿Aún tiene tiempo para mí?" La gente respeta el hecho de que valores su tiempo. Entrevistando a los clientes, hemos descubierto que después de hacer una cita con un vendedor al que no conocen y del que no saben nada, desean no haberlo hecho, porque están muy ocupados. Por eso, consideran que sus encuentros con un vendedor son interrupciones. Accedieron a reunirse con él, el vendedor fue simpático por teléfono, pero sigue siendo una incomodidad, porque tienen muchas cosas que hacer.

Por eso, cuando dices: "Muchas gracias por dedicarme su tiempo. Sé lo ocupado que está. ¿Aún tiene tiempo para mí?", estás reconociendo que tiene escasos minutos y que lo importunas, por lo que le caerás bien desde el principio. Y luego le preguntas: "¿Cómo está?" Te responde: "Bien". "¿Cómo va hoy el negocio?" Y sigues haciéndole preguntas muy generales e impersonales. No puedes preguntarle a la gente sobre su familia nada más conocerla.

Mientras te responde, te limitas a afirmar con la cabeza y a escuchar. Lo primero que enseño son habilidades de escucha. Éstas consisten en que, cuando haces una pregunta, sea cual sea, escuchas la respuesta con atención; te inclinas hacia delante y atiendes como si la respuesta fuera importante para ti. La mayoría de la gente es muy mala escuchando: hace una pregunta sólo para llenar el vacío, y espera a que contestes para seguir hablando. Las personas que son buenas escuchando hacen una pregunta y después atienden, y se inclinan hacia delante como si la respuesta fuera muy importante para ellas y en verdad quisieran saberlo.

El paso número uno en la escucha activa es oír con intención, asentir, sonreír, prestar atención y atender sin interrumpir. Ése es el primer paso. Esto suele sorprender a la gente. Alguien dijo que la mayoría de las veces, escuchar no es realmente escuchar, sólo es esperar. Le haces una pregunta a alguien, pero en realidad estás esperando que deje de hablar para poder intervenir con tu vaga opinión.

El segundo paso clave es hacer una pausa antes de contestar. Cuando la persona a la que estás escuchando deja de hablar, no hay que ponerse a hablar inmediatamente a 150 kilómetros por hora. Hay que hacer una pausa y escuchar atentamente: "Ajá, ajá", y reflexionar sobre lo que acaban de decir, como si fuera importante. Porque si es así, entonces, por extensión, ellos tienen que ser importantes. Ya dijimos antes que la gran regla para las relaciones humanas es conseguir que la gente se sienta importante.

El tercer punto es hacer preguntas para aclarar dudas. La mejor de todas es: "¿Qué quieres decir?" o "¿exactamente qué quieres decir?" Dale oportunidad a la otra persona para que responda. Cuando diga: "Estaba haciendo esto y lo otro", y se extienda en sus explicaciones, debes escuchar atentamente, asentir, sonreír y, de nuevo, no tratar de interrumpir. Después puedes hacer preguntas de seguimiento.

El cuarto aspecto clave de la escucha activa es retroalimentar lo que están diciendo con tus propias palabras. Di: "Ah, o sea, lo que estás haciendo ahora es esto, y esto es lo que está pasando y cómo está funcionando. ¿Es eso cierto?" Te responde: "Sí, ésa es mi situación". Y dices: "¿Puedo hacerte una pregunta?" Recuerda: quien hace las preguntas tiene el control. Así que la forma más poderosa de crear una relación es hacer preguntas, inclinarse hacia delante, escuchar atentamente las respuestas, pausar antes de responder y después seguir haciendo preguntas. Si el cliente potencial te hace una pregunta, debes hacer una pausa y decir: "Es una muy buena pregunta. ¿Te importa si te pregunto algo yo primero? ¿Qué pasa con esto, o con esto otro?"

Responde siempre a una pregunta con otra pregunta. Quien las hace tiene el control. La mejor regla de todas es que escuchar crea confianza, así que si sigues haciendo preguntas, inclinándote hacia delante y escuchando con atención las respuestas, entonces le empiezas a caer bien a tu interlocutor y confiará en ti cada vez más. Cuantas más preguntas hagas y más escuches, más creerá en ti el cliente y más se abrirá.

La primera vez que te encuentras con el cliente, sus niveles de escepticismo y temor son muy altos, porque ya cometió errores al comprar en el pasado. Compró el objeto equivocado, pagó demasiado o cosas así, y por eso va con precaución. Hoy en día la gente es desconfiada, y por eso tiene mucho miedo, y tu nivel de credibilidad o confianza, al principio, es muy bajo, como en un balancín. Cuantas más preguntas hagas y escuches las respuestas, más le gustarás y más confiará en ti. Cuanto más disminuya su miedo, más aumentará su confianza y credibilidad en ti, otra vez, como un balancín.

Puedes convertir a una persona escéptica, negativa, reservada y comedida en un cliente potencial, en realidad interesado, simplemente haciéndole buenas preguntas, pausando, escuchando con atención sus respuestas, lanzando más preguntas para aclarar tus dudas y manteniendo el ciclo en marcha. El punto de partida es escuchar.

Llegará un momento —esto es lo que averiguaron en la investigación— en el que el cliente se sentirá tan cómodo contigo que te hará preguntas sobre ti. Si comienzas a hablar sobre tu producto antes de que te invite a hacerlo, antes de que te anime a hacerlo, arruinarás la venta. Muchos vendedores cometen este error: se reúnen con el cliente potencial y dicen: "Hola. ¿Cómo está?" "Bien." "¿Cómo le va la vida?" "Bien." "¿Cómo va el negocio?" "Increíble." Dicen: "Muchas gracias por dedicarme tu tiempo, porque creo que tengo algo para usted que le va a gustar mucho". Y se lanzan inmediatamente a hablar de su producto o servicio.

Pero es demasiado pronto. En ese punto hay que seguir haciendo preguntas hasta que el cliente esté tan relajado contigo que te diga: "Bueno, dígame qué tiene, por qué está aquí", o "¿en qué puedo servirle?" o "¿qué trae?" Entonces tú dices: "Muchas gracias. Creo que podemos servirle de mucha ayuda. Déjeme hacerle un par de preguntas. ¿Qué está haciendo ahora en esta área y cómo le está funcionando?"

A continuación, repaso el proceso y explico cómo hacer preguntas para saber más sobre lo que está haciendo el cliente en el área relacionada con tu producto. Luego escuchas con atención.

DAN

Así que escuchar se corresponde con ese primer paso, que es tratar de identificar si es candidato para tu producto o no. Después de haberle hecho las preguntas suficientes y hayas decidido que sí, el segundo paso es comenzar a desvelar algunas de las cualidades de tu producto o servicio, ¿o existe otro paso intermedio antes de pasar a eso?

BRIAN

El primer paso se centra en las preguntas personales. Les haces preguntas generales sobre ellos, nada específicas: ¿cómo va el negocio, cómo le está afectando la economía? ¿Qué le parecieron las elecciones? ¿Cómo va a afectar a su negocio? ¿Cómo es su competencia? Sólo preguntas generales, como las que harías en una recepción o en un acto social. Te pones a hablar y a hacer preguntas sobre esto y lo otro.

Después, llegado el momento, te vas alejando de lo personal, donde todo el mundo se siente cómodo. Han descubierto, en decenas de miles de conversaciones sobre ventas grabadas, que llega un momento en el que el cliente te invita a cambiar el curso de la conversación para que hables del motivo de tu visita. Si comienzas a hablar de tu producto demasiado pronto, antes de que el comprador te haya indicado que está cómodo y quiere oír hablar de él, puedes arruinar la venta. Por eso hay que limitarse a escuchar, asentir, sonreír, "ajá, muy interesante", hacer más preguntas sobre lo que está haciendo el cliente. Llegado el momento, él dirá: "¿Por qué no me cuentas un poco más sobre lo que traes?"

Es como el semáforo de un portaaviones. Agitan las banderas y dicen: "Ha llegado el momento de que hablemos de tu producto". Pero si empiezas demasiado pronto —también lo descubrieron al entrevistar a personas que habían perdido el interés— dicen: "Acabábamos de empezar a conocernos y de repente se pusieron a hablar de ese producto; era demasiado pronto".

Es como si conocieras a una mujer atractiva y, después de un par de frases de cortesía sobre dónde vives y qué trabajo haces, te lanzaras encima de ella, la agarraras con tus brazos y trataras de besarla. Puede que haya un momento para eso, pero entonces es demasiado pronto. En el campo de las ventas, aún no has establecido una relación suficiente para comenzar a hablar sobre intercambiar dinero por promesas.

Cuando el cliente te invita a hablar, dices: "Antes de que le cuente algo sobre lo que tengo, ¿le importaría si le hago un par de preguntas sobre su situación actual?" Otra cualidad de los buenos vendedores es que interrogan de maneras predeterminadas, que van de lo general a lo específico. Los malos vendedores dicen lo primero que se les pasa por la cabeza, pero los profesionales hacen preguntas como: "¿Puede contarme un poco más sobre lo que está haciendo ahora en esta área? ¿Cómo está manejando este problema, necesidad, trabajo, servicio...?"

Después, yo siempre pregunto: "¿Y cómo le está funcionando eso? ¿Está contento con los resultados que está obteniendo ahora?" Porque no olvides que la gente sólo se mueve para aumentar su nivel de satisfacción, así que, por ponerlo en términos psicológicos, la persona debe sentir cierto nivel de *insatisfacción*. Ésa es una palabra muy desalentadora, pero el hecho es que el cliente no es un futuro cliente a menos que no esté feliz con su situación actual, y, como el tipo de antes con el pelo en llamas, esté abierto a recibir un producto o servicio que le ayude realmente en esa área.

En lugar de dar por sentado que el cliente necesita tu producto o servicio, hazle muchas preguntas: "¿Le está sirviendo? Si pudiera cambiar lo que fuera de su situación actual con este producto o servicio, ¿qué le gustaría cambiar, de qué le gustaría tener más (o menos)?" Estás explorando para ver si encuentras un área de oportunidad. A esto le llamamos *análisis de áreas de oportunidad*, un área de oportunidad entre el lugar donde se encuentra el cliente ahora y dónde podría estar gracias a tu producto o servicio. Porque si el cliente dice: "Estoy contentísimo con mi proveedor actual y no necesito nada más, muchas gracias por venir", entonces está claro que no se trata de un cliente potencial.

Algunas personas me preguntan: ¿qué haces si tu cliente potencial dice que está contentísimo con su proveedor actual y que éste se encarga de todo lo que necesita? Yo digo: "Sigue adelante", porque ése es el ideal: conseguir un cliente y cuidarlo tanto que sea tan leal como para no comprarle a nadie más.

Si alguna vez te encuentras con alguien así, debes aceptarlo y seguir adelante. Di: "Parece que está tan feliz con lo que está haciendo que no hay forma en la que yo pueda mejorar su situación, así que muchas gracias por su tiempo. Si alguna vez necesita algo distinto, si puedo servirle de ayuda, aquí tiene mi tarjeta. Tenemos muchas características distintas que propician que nuestro producto se considere superior, pero será mejor que lo decida usted mismo".

A veces te responde: "Cuénteme un poco más sobre lo que tiene y los motivos por los que su producto es distinto", porque puede ser que no esté contento con el servicio actual o esté abierto al cambio. Recuerda que ocho de cada 10 usuarios de productos y servicios sienten que pueden estar mejor con otro. Sólo que no saben cuál es o cómo podrían estar mejor.

Y eso nos lleva a un tema interesante. La crítica destructiva es el mayor daño del alma humana, y por eso no debes criticar en ningún momento de la venta. Nunca debes juzgar a tu compañía, por supuesto; nunca debes criticar nada en el mercado, pero tampoco repruebes a tu competencia. Yo no sabía esto cuando empecé. Me decían: "Estoy usando éste de la competencia". Y yo decía: "Ay, no, ésos no son buenos con esto, y son malos con eso, y son muy caros, y el otro día alguien me dijo que bla, bla, bla". Sacaba todas las críticas posibles.

Después me enteré —y es toda una sorpresa— de que cuando criticas al proveedor actual de tu cliente, en realidad estás criticando a tu cliente, pues fue el que tomó la decisión de comprarles. Le estás diciendo que fue tonto por confiar en ese otro proveedor, pero que si me lo compras a mí volverás a ser listo. Nunca digas eso. En su lugar, haz lo contrario. Si dicen que están usando un producto o servicio de la competencia, haz siempre cumplidos. Di: "Es una buena compañía. Llevan mucho tiempo en el negocio. Hacen un trabajo excelente. He oído muchas cosas buenas de ellos". Después, les dices: "Nosotros nos planteamos su situación desde un enfoque ligeramente distinto, y a nuestros clientes les gusta nuestro planteamiento porque les permite hacer esto, y esto otro, lo que no es posible con nuestra competencia. Pero la compañía con la que trabaja es buena, sí".

De este modo, siempre expones que tu planteamiento es distinto, superior, aunque su elección actual sea buena. Es una estupenda compañía. Lleva mucho tiempo en el negocio. Después, suelen decir: "No son tan buenos, porque he tenido muchos problemas con el servicio" o esto y lo otro, y entonces te cuentan las áreas de insatisfacción con tu competencia. Y dicen: "¿Qué puede hacer al respecto?" Y tú contestas: "Bueno, es interesante, porque ya había oído sobre ese problema antes. Nosotros lo enfocamos de la siguiente manera…", y hablas sobre cómo ayudarías al cliente a estar mucho mejor al resolverle el problema. Pero jamás digas nada negativo de tu competencia.

DAN

Sí. Una de las cosas que decías en *La psicología de las ventas,* que siempre me llama mucho la atención, era cuando hablabas del proceso de *sentir, haber sentido, descubrir:* entiendo cómo te *sientes,* muchos otros han *sentido* lo mismo que tú, pero lo que *descubrieron* fue esto. Eso es brillante, porque te estás identificando con el sentimiento, pero también mostrando cómo aportar la solución.

Cuando tienes a alguien y ya decidiste que es sin duda un buen candidato para tu producto y se lo enseñas, puede que se le ocurran un montón de objeciones que sean superficiales y tú te des cuenta de ello, como si le diera miedo. ¿Cómo se superan las objeciones para que el cliente termine tomando la decisión de compra sin romper la confianza, por decirlo así, y no parecer que eres alguien preocupado sólo por lograr la venta y no por el cliente?

BRIAN

Uno de los métodos que enseño se denomina el *Triángulo dorado de las ventas.* Se basa en entrevistas con decenas de miles de clientes a quienes se les pregunta: "¿Qué opinión tiene de los vendedores a los que les compró algo en el pasado?" Y sabemos que se trata de los mejores vendedores de esa compañía.

A los clientes se les ocurren tres palabras. La primera es: "Lo veo más como *amigo* que como vendedor. Creo que se preocupa más por mí que por hacer la venta, y por eso lo veo como amigo en ese sector".

La segunda palabra es: "Lo veo como un *asesor* o alguien que me ayuda. No creo que esté tratando de venderme nada, sino de ayudarme a mejorar mi situación. Lo veo como un consultor, un asesor, alguien que resuelve problemas", porque, recuerda, la compra de cualquier producto es una solución a algún problema.

¿Pero cómo se llevan la impresión de que estás más preocupado por sus problemas que por la venta? Se debe a que les haces preguntas por sus contrariedades todo el tiempo. ¿Cómo le va en esta área? ¿Cómo le está funcionando? ¿Está teniendo algún problema o dificultad? ¿Cuáles son los mayores obstáculos que está enfrentando?

A veces digo: "Imagínate que pudieras agitar una varita mágica sobre esta situación para que fuera perfecta en todos los sentidos. ¿Sería distinta a la de hoy en día? ¿De qué tendrías más (o menos)? Si tu situación respecto a este producto fuera perfecta, ¿en qué se diferenciaría?" Muchas veces dicen: "Si mi situación fuera perfecta, me gustaría hacer más de esto o menos de eso, o me gustaría conseguir esto o lo otro, o me gustaría detener esto, o empezar esto otro". Esa información te dará impulso para empezar. Repito, te mostrará la brecha entre dónde quiere estar el cliente y dónde siente que se encuentra hoy. Ésta es una forma excelente de posicionarte como solucionador de problemas: buscar formas de ayudarlo. Un buen vendedor siempre se ve como alguien que ayuda, más que como un comerciante.

La tercera palabra que usan es *maestro*. "Lo veo más como un *maestro* que como un vendedor."

Por eso, la llamamos *venta relacional* cuando te posicionas como un amigo, *venta consultiva* cuando te posicionas como asesor y *venta educativa* cuando te posicionas como maestro.

IBM se convirtió en el mayor proveedor de computadoras del mundo. Estaban en posesión de 82% del mercado mundial de computadoras antes de que las más pequeñas y las de escritorio irrumpieran en el mercado y cada vez más compañías se metieran en el negocio. Antes de ese momento había muchas empresas que tenían productos similares, incluso superiores, pero aun así IBM se las ingenió para mantener el 82% del mercado en su punto álgido, incluso puede que fuera el 83%. El gobierno federal incluso trató de presentar cargos para evitar su monopolio.

Los analistas se dedicaron a estudiar la manera en la que los vendedores de IBM trataban con sus clientes. Siempre se les ocurrían ideas diferentes sobre cómo podía usarse una computadora para conseguir más ventajas, más servicios (cómo podía ofrecerte la capacidad de hacer esto y lo otro, cómo podías procesar más documentos, cómo se podían redactar documentos múltiples o documentos por las dos caras, cómo numerar documentos, cómo preparar documentos y combinarlos con otros…).

Es decir, no sólo comprabas la computadora y la tenías ahí sin más. Los empleados de IBM llamaban con frecuencia y decían: "¿Sabías que IBM acaba de añadir esta función, y ahora puedes hacer esto que antes no podías?" IBM hacía que los clientes sintieran que el valor de la computadora que tenían en su poder iba subiendo y subiendo, y que IBM iba aumentando constantemente su valor al volverse a poner en contacto con ellos y mostrarles cómo sacar aún más partido a su aparato. Poco después, todas las compañías de éxito —pensemos, sobre todo, en Apple, o Dell y otras cuantas— harían lo mismo. Están demostrando constantemente al cliente cómo pueden conseguir más valor.

En una presentación de ventas, lo primero que hay que hacer es mostrar que éste es un problema o necesidad que tienes y que este producto o servicio satisfará esa necesidad o eliminará el problema. Y éstas son algunas de las cosas que puedes hacer con este producto o servicio y que no podías hacer antes. De este modo aumentarás drásticamente la velocidad con la que logras tus metas, procesas tus documentos, das servicio a tus clientes, fabricas tus productos y aumentas la velocidad de tus reparaciones. Estamos actualizando el producto constantemente, por lo que irás recibiendo más funciones nuevas, mejores, más rápidas o más fáciles que podrás usar para obtener mayor valor del producto. Así, la gente siente que el artículo que compró adquiere cada vez más y más valor. Así es como haces una presentación.

En esta investigación detallada también descubrieron que la principal emoción que evita que un cliente compre es la del miedo al riesgo. Éste lo es todo, porque todo el mundo quiere los beneficios del producto que estás vendiendo, pero ¿qué pasa con el riesgo? ¿Qué pasa si no funciona? ¿Qué pasa si lo compro y resulta que no hace esto o lo otro, o qué pasa si lo encuentro más barato en otro sitio?

Así que te preguntas: ¿cuáles son los motivos por los que compraría una persona, y cuáles son por los que no lo haría? A los primeros los llamamos el *beneficio clave*, aquello que hará que una persona compre (suele ser uno), y a los segundos, el *miedo clave*, el riesgo puntual en la mente del cliente que evita que compre. Hay que hacer énfasis en los beneficios clave, las cosas que podemos hacer por él, y después también considerar los miedos que pueda sufrir: tenemos una garantía de devolución del dinero sin condiciones con servicio durante los primeros 12 meses. Después de eso, tenemos un contrato de servicios a un costo mínimo, que garantizará que mantengamos su producto en buen funcionamiento, y habrá alguien que lo ayude a resolver cualquier problema en un plazo de dos horas, si es que le surge alguno.

Una de tus tareas principales es hacer énfasis en los beneficios y hacer desaparecer la idea de riesgo: si nos compras este producto a nosotros, nunca tendrás que volverte a preocupar por él. Ésa es la razón por la cual las compañías con más éxito en la actualidad (Amazon, Apple y las más grandes) ofrecen todas garantías sin condiciones. Las cuales son muy importantes, porque si no hay riesgo al comprar el producto y, además, incluye todos los beneficios de los que hablas, entonces tendré que pedirlo ya mismo. Lo quiero ahora. Y ése es el final de una buena presentación de ventas: "Lo quiero ahora. Estoy listo. ¿Cuándo podré tenerlo?"

DAN

Eso es increíble. Teniendo en cuenta todo lo que has dicho sobre la venta relacional, y lo de ir creando confianza, una vez que llegas a la parte donde cierras la venta —la forma definitiva de influencia en ese proceso— es como si ya hubieras establecido tanto valor que la única opción que le queda al cliente es que sienta que tenemos que llevar a cabo el trato.

En *La psicología de las ventas* hablabas mucho sobre técnicas de cierre. ¿Actualmente sigues pensando que estas técnicas por sí mismas son válidas o crees que en esta época lo más importante es establecer un valor tan fuerte que las técnicas de cierre ya no serían necesarias?

BRIAN

Sí, así es. Sólo dices: "¿Tiene alguna pregunta o duda que no haya resuelto? ¿No? Bueno, pues sigamos. ¿Cuándo lo necesitaría? ¿Quiere que se lo enviemos a su casa o a la oficina?" Así que el cierre es muy, muy sutil, muy fácil, sin estrés, sin ningún tipo de presión. Has conseguido que el cliente admita que realmente quiere usar y disfrutar de todo lo que has descrito, así que empecemos.

DAN

La última pregunta que quería hacerte sobre todo este proceso —de nuevo, acercándolo más a la actualidad— es que parece que en la era digital hay muchos más guardianes que en el pasado. Antes, todo se hacía en persona. El guardián podía ser el secretario o alguien de la recepción. Pero actualmente, en el mundo digital en el que nos encontramos, la gente puede esconderse detrás del correo electrónico; pocas veces responde a su teléfono; todo va al buzón de voz con identificador de llamadas, por lo que parece que hay muchas más barreras para ponerse frente a un cliente. ¿Puedes darme algunas sugerencias para la gente que trabaje como profesional de las ventas, sobre cómo tratar con los guardianes y ponerse frente a alguien, o al teléfono, para hablar con un cliente en persona que realmente necesite tu producto?

BRIAN

Hoy en día todo es internet, todo es correo electrónico, todo el mundo compra todo en línea, ¿y cómo llegar a un cliente si todo es en línea?

Las estadísticas hasta la semana pasada eran que sólo 11% de las ventas se llevan a cabo así. Esto es sorprendente, porque la gente piensa que se compra todo en línea.

Esto es lo que han descubierto. Imagínate una mancuerna con dos pesas grandes en cada extremo y una barra en el medio; una de las pesas grandes es lo que se llaman *transacciones*. Por ejemplo, yo te hablo de un libro, y tú vas a internet y compras el libro, o te hablo de una cámara o de un par de zapatos. Una transacción no es algo para lo que se necesite una meditación profunda, ni hablarlo con tu familia o ir a la cima de una montaña y prender una vela.

Hay una gran cantidad de productos que son transaccionales: decidimos comprarlos y lo hacemos en línea. En internet encontramos dónde están y cuánto cuestan, y su costo en comparación con los productos de la competencia. Después, adquirimos el producto. Le damos clic al final y nos lo envían, y luego seguimos adelante con nuestro día. Cada vez hacemos más este gesto, en productos que antes solíamos comprar en tiendas.

Sin embargo, en el otro lado de la mancuerna están lo que llamamos *artículos a medida*, que son objetos muy específicos e individualizados. Por ejemplo, puedes decidir que necesitas una laptop, pero no estás seguro de cuál en particular, así que vas a la tienda de Apple, razón por la cual sus tiendas en la actualidad son las más rentables del mundo por metro cuadrado.

El 30% de los centros comerciales de Estados Unidos están cerrando o reiventándose: son ahora boliches, cines, iglesias, gimnasios, todo tipo de locales, porque la gente ya no va a los centros comerciales, ya que puede comprar los productos en línea. Eso es transaccional. Pero supongamos que necesitas una camiseta, una corbata, un traje, o a veces quieres conseguir unos audífonos, pero no estás seguro de cuáles quieres. En cada uno de estos casos, vas a ir a una tienda especializada para ver físicamente esos artículos.

Hay un evento llamado *showrooming*, que es algo que la gente ha estado haciendo mucho últimamente. Es un poco como los *e-books*. Cuando salieron, su venta se disparó y la de los libros físicos cayó. Como ya sabes, Borders Books —600 tiendas— cerró un año después de la introducción del iPad, porque con el iPad y el Kindle mucha gente estaba comprando libros en línea. Pero después se dio cuenta de que no estaban leyendo los libros que compraron en línea, porque les gustaba pasar páginas, tomar notas y todo eso, así que comenzaron a comprar libros impresos otra vez. La venta de los *e-books* se ha estabilizado y ha decaído, y la de los libros impresos y de bolsillo ha vuelto a subir. Las ventas en las librerías han aumentado, porque a la gente le gusta ir a ver lo que hay; disfruta de la experiencia de comprar y pasearse por las tiendas. Pasa lo mismo, por ejemplo, con el perfume, que no es algo que vayas a comprar en línea.

Hay numerosos productos que son personales y que quieres verlos, o quieres hablar con alguien de ellos. No vas a comprar muebles de oficina en línea, no vas a comprar equipo de la misma en línea, no vas a comprar su decoración, ni impresiones especiales o cosas para anunciar promociones, etcétera. Vas a encontrar a alguien en internet y vas a llamarlo, y posteriormente vas a pedirle que envíe a alguien para que vaya a verte.

Así que el mercado para los vendedores es enorme, y cada vez se está haciendo más grande, porque hay muchísimos productos disponibles. En el caso de los artículos transaccionales, en los que uno sabe todo lo que tiene que saber sobre ellos, se meten en internet y pueden tomar una decisión. En el caso de los no transaccionales, aquellos que están personalizados y hechos a medida para un cliente en específico, los consumidores quieren ver a un vendedor, hablar con él, meterse en la tienda y conversar con el dependiente; quieren que la persona salga y hable con ellos.

Imagínate que quieres cambiar la decoración del interior de tu hogar por internet. Puede que hagas un poco de investigación para averiguar quiénes son los mejores, así que deben tener presencia en línea, pero después querrás hablar con alguien en persona para asegurarte de que te caen bien, de que confías en ellos y de que son creíbles, competentes y capaces.

Los compradores buscan dos cosas. La primera es confianza y calidez. La segunda es fortaleza y competencia. Los investigadores han determinado que la gente toma decisiones sobre la confianza y la calidez en un plazo de cinco a siete segundos. Sin embargo, sus decisiones relativas a la *fortaleza*, que es otra palabra para nombrar la capacidad o competencia, les cuestan más tiempo, a veces después de dos o tres reuniones. Así que para presentarte frente a su puerta tienes que ser cálido, agradable y confiable, pero para hacer la venta tienes que demostrar que puedes dar consejos sólidos y muy buenas ideas sobre las decisiones que la otra persona debe tomar.

Así que yo diría que el mercado para el vendedor va y viene. La gente no compra computadoras de IBM por internet. La gente no compra moda por internet. La gente no compra artículos que necesiten personalización por internet. En esos casos, tiene que ver y hablar con una persona real.

DAN

Amén. Son muy buenas noticias para los vendedores de todo el mundo. Gracias, Brian.

Capítulo 6

La influencia en las relaciones

DAN

Brian, ahora vamos a hablar sobre la influencia en nuestras relaciones personales, al criar a los hijos y sobre uno mismo. Así que vamos a pasar del reino de los negocios y la vida profesional a la vida personal. No hay nada más importante que asegurarte de ser la influencia número uno en la vida de las personas a las que amas y en tu propia vida, de ser capaz de atenerte a tus compromisos.

Empecemos hablando sobre la idea de que nadie es profeta en su propia tierra, es decir, que muchas veces es más fácil que te respeten y admiren entre personas que no conoces bien que entre tu propia familia y amigos, y también se aplica a la influencia. Eso siempre me ha parecido interesante. ¿Por qué crees que a mucha gente le pasa esto? ¿Hay alguna manera en la que se debería cambiar la estrategia para poder influir a la familia y los amigos cercanos?

BRIAN

En lo que respecta a los amigos cercanos y la familia, lo que quiere la gente, como ya dijimos antes, es sentirse importante. Quiere sentirse valorada, quiere sentir que su opinión significa algo.

En 2010 pasé por una situación bastante complicada en mi negocio. Trataba de hacer una serie de observaciones que fueron ignoradas por todo el mundo, y había invertido mucho dinero en esa transacción, y no había tenido éxito. Me dio cáncer de garganta; era un cáncer casi de libro de texto, de los que salen por un tipo determinado de estrés. Hablé de eso con un médico ayurveda en Malasia, que me dijo: "Eso viene de no ser escuchado; es por tener una frustración terrible y enojo porque la gente no te presta atención. Tú tratas de transmitirles un mensaje, y ellos no te escuchan". Por supuesto, esa gente ni quiso hacerme caso ni me lo hizo, y llevó a la compañía a la quiebra y perdí todo mi dinero.

Me recordó lo importante que es sentir que los demás te escuchan. Cuanto más importante es la gente en tu vida, más importante es que te escuchen. Por lo tanto, la forma de volverse más influyente en tu vida es logrando que los miembros de tu familia, empezando desde tu cónyuge, sean muy importantes para ti. Es una ley de reciprocidad perfecta. Si les dejas claro a los demás que te tomas muy en serio lo que piensan, lo que sienten y sus ideas, entonces ellos se tomarán muy en serio *tus* pensamientos, sentimientos e ideas. Del mismo modo que tú les permites influir en ti y estás abierto a su influencia, ellos se abren cada vez más a la tuya.

A mis hijos les digo: "Nunca los obligaré a hacer algo, y nunca les prohibiré hacer nada. Los apoyaré cien por ciento en lo que decidan hacer. Les daré mi opinión de si estoy de acuerdo o no, pero nunca los obligaré a hacer nada. Siempre serán libres de decidir". En nuestra vida familiar, siempre que teníamos una discusión, yo decía: "Puede que discuta o no esté de acuerdo con ustedes; sin embargo, si su punto de vista es acertado y pueden persuadirme, haré lo que decidan hacer". Eso fue cuando mis hijos tenían cinco, seis y siete años. Han crecido sabiendo que si pueden defender lo que piensan, si pueden dar buenos motivos para hacer o no hacer algo, o para que les deje hacer algo, entonces su padre cambiará de opinión totalmente y los apoyará cien por ciento.

Ha resultado en una experiencia familiar maravillosa. Todos mis hijos son adultos, y hablamos sobre esta estrategia: siempre los apoyamos, siempre les dimos permiso para hacer lo que quisieran, y siempre los dejamos influir en nosotros si se les ocurría una buena idea, porque decían: "Quiero hacer esto" o "quiero hacer esto otro". Yo decía: "No, no, no creo que eso sea una buena idea". Ellos contestaban: "Déjame darte mis razones". Después, en lugar de gritar, chillar y hacer berrinches, lo razonaban como un abogado en un tribunal, y presentaban su caso. Yo decía: "Déjame decirte algo; con base en lo que me dijiste, tienes razón y yo estoy equivocado, así que haremos lo que dices que quieres hacer". Ellos sentían todo el orgullo que puede uno sentir a los cinco o seis años por haberle ganado a su padre, razonando y presentando sus argumentos.

Así que eso es algo muy importante en casa. Por cierto, he estudiado el poder y la influencia en los negocios, las cuales dicen que la calidad de una relación entre el jefe y los empleados está muy determinada por cuánto sienten los trabajadores que su superior esté abierto a su influencia. Si el jefe tiene una idea, se obsesiona con ella y es inflexible, e insiste en hacer sólo eso, entonces la moral de la organización será baja. La gente dirá: "En realidad, mi opinión no importa ni cuenta. Tengo muchísima experiencia en este trabajo, y mi jefe me ignora". Sin embargo, cuando una persona siente: "Puedo tener mucha influencia sobre mi jefe, puedo ir a verlo y hacer que cambie de opinión, puedo presentar mi punto de vista, y si se da cuenta, él cambiará de opinión también", la moral será alta.

En mi oficina tenemos muchos desencuentros, no discusiones, sino desencuentros. Dicen: "Quiero hacer esto, quiero hacer esto otro. Queremos hacer esta inversión aquí, y queremos hacer esta inversión allí". Yo siempre les pregunto: "¿Cuál es su razonamiento? ¿Por qué quieren hacer eso?" Ellos saben que la pregunta se acerca, así que se explican: "Ésta es la razón por la que creo que deberíamos hacer esto, o gastarnos esta cantidad de dinero". Yo digo: "En este momento no estoy de acuerdo, y les daré mis motivos". Ellos responden: "Sí, lo que dijo es cierto, pero hay dos cosas que no ha tenido en cuenta". Exponen sus puntos de vista y lo que yo no tuve en cuenta. Entonces, yo digo: "¿Saben? No había pensado en eso, pero tienen razón. Su conclusión es mejor que la mía. Así que haremos lo que creen que es lo mejor". Hacemos esto año tras año.

Dentro de nuestra oficina hay una flexibilidad tremenda. El jefe siempre está abierto a la razón, siempre está abierto a recibir la influencia de un buen argumento, o una buena cantidad de razones de alguien más. Siempre he dejado claro que si su argumento es mejor, los escucharé. Abandonaré mi postura, aunque haya sido muy firme al respecto, si el otro resulta con una idea mejor. Mi ego no influye en absoluto para tener razón. Una vez que eliminas el ego, eliminas la mayor parte de tus problemas. He estudiado esto con detalle en psicología y lo he practicado en toda mi vida familiar y toda mi vida profesional, y funciona realmente bien.

DAN

Muy bien. La relación más importante en la vida de muchas personas es su cónyuge. Muchas veces hay luchas de poder, la pugna por tener la razón, tratar de salirte con la tuya. ¿Qué aconsejas en este caso para estar abierto a la influencia? ¿Se trata de estar abierto a la influencia de tu cónyuge? ¿Es ésa la mejor forma de influir también en tu cónyuge, el estar abierto a su influencia?

BRIAN

Cuando me casé, le dije a mi mujer, Barbara, que le daría 51% del voto en todos los asuntos que afectaran a la familia y a los niños, y yo tendría 51% del voto en lo referente al trabajo y los negocios. Bromeábamos sobre eso. Yo digo que es la mejor decisión que he tomado jamás, y resultó ser absolutamente perfecta. Yo decía: "Yo argumentaré mi 49%, pelearé por mi 49%, pero en el análisis final, tú puedes decidir".

Llevamos casados 37, 38 años ya, y ha tenido ese 51% todo el tiempo, y siempre ha tenido razón. Yo disiento: "¿Qué pasa con esto?, ¿qué pasa con esto otro?" "Sí —dice ella—, pero no lo entiendes." A veces sólo decía: "Por intuición, creo que ésta es la mejor manera de actuar. No tengo ningún motivo lógico para pensarlo. Si te fijas en las pruebas, no estoy en desacuerdo contigo por querer ir en otra dirección, pero siento que esto es lo que debemos hacer, y tengo el 51%". Así que siempre le concedí eso.

Ha sido lo mejor, porque gracias a ello nuestra relación ha ido como la seda durante 37, 38 años.

DAN

Brian, ¿tú crees que el haber estado casado tanto tiempo como tú, es decir, que llevar mucho tiempo casados es más una ventaja o una responsabilidad en el hecho de ser influyente sobre tu cónyuge? En esa situación, ¿la familiaridad genera desdén?

BRIAN

Cada pareja tiene sus propias normas, y nadie puede predecir o establecer las de otra pareja, porque los seres humanos son muy distintos entre sí. En una pareja hay dos elementos químicos mezclados para formar uno solo, extraordinariamente complicado, así que nunca juzgo a los demás.

Lo más importante es prestar atención a tu intuición y seguirla hasta donde te lleve. Mi filosofía se conformó a muy temprana edad. Comencé a estudiar las cualidades de un buen matrimonio y de ser un buen padre, y descubrí que el respeto es lo más importante. Siempre que tengas respeto, puedes tener todo tipo de disputas y desacuerdos. Pero si alguna vez desaparece el respeto, entonces todo lo demás desaparece rápidamente.

Así que yo nunca he vulnerado ese respeto. Siempre he respetado a mi esposa y a nuestros hijos. Dos de ellos están casados ahora, y valoran muchísimo a sus cónyuges. Sus relaciones son muy sólidas y muy positivas, porque han visto la forma en la que yo he tratado a Barbara y en la que ella me ha tratado a mí. Así es como esperaban que los trataran cuando encontraron una pareja. Y así es como se tratan entre ellos. Como padres, somos un ejemplo a seguir para nuestros hijos. Hay que establecer un patrón que ellos traten de repetir también cuando se hagan adultos.

DAN

Muchas veces, al convivir con amigos cercanos o con tu cónyuge, hay que tener conversaciones difíciles, en las que comunicas un mensaje duro, pero muy sincero, porque te preocupas por ellos, porque son importantes para ti, pero también sientes que tienes que influir en ellos para provocar algún tipo de cambio en su vida. ¿Cómo se tiene una conversación así sin dañar la relación? ¿Cómo aumentar tu nivel de influencia de manera satisfactoria sin provocar que te aparten?

BRIAN

Creo que es un tema de constancia. Hay que tener una relación continua de franqueza, honestidad y respeto, y así nunca se acumula nada, no hay negatividad, no se sueltan todos los reproches de golpe ni se estancan los reclamos. Cada uno es totalmente honesto con el otro en todo momento. En nuestro caso, lo que nos ha funcionado muy bien es que tenemos una relación continua y totalmente abierta sin ningún tipo de bloqueo, reclamo ni preocupaciones negativas. Todas se solucionan al instante. Creo que eso es importante.

De muy joven, leí que si estás casado con la persona adecuada, tu cónyuge debería ser también tu mejor amigo. Cuando conoces a la persona correcta para ti, reconoces que has hallado a tu mejor amigo. Es lo que se llama la relación soñada. Si se trata de tu mejor amigo, no hay nada que no quieras compartir con esa persona, nada que no le dirías, nada que te guardarías para ti. Eso es lo que nos pasó a Barbara y a mí. Cuando nos conocimos, nos hicimos los mejores amigos desde el principio, y ahora, tras pasar por cuatro hijos, cinco nietos y muchas experiencias, además de mucha vida por vivir, como diría Elvis Presley, nunca hemos tenido ningún problema grave.

DAN

Maravilloso. Supongamos que tienes un amigo al que conoces desde hace años, pero has notado un patrón en su vida: bebe demasiado y le está afectando, o has notado una especie de cinismo o ira que se ha apoderado de él de repente; no está en sus cabales. ¿Es ésta una situación en la que hay que enfrentarte a él, pero también hacerle saber que te preocupa, que lo quieres tal como es? ¿Cómo manejarías una situación como ésta, por ejemplo, alguien que está bebiendo más de la cuenta? ¿Qué harías en ese caso?

BRIAN

Una ley de vida que aprendí de joven es que la gente no cambia, y si se le deja sola, esto es aún más notorio. Muchas frustraciones de la vida ocurren porque esperamos que alguien cambie; no estamos felices por algo que hace o no hace, y lo instamos a cambiar.

Pero el mayor miedo del ser humano es el miedo al rechazo, o a la desaprobación; que los demás no te acepten o no caigas bien. Siempre que se sugiere que alguien no es aceptable tal como es, se está desencadenando este miedo al rechazo. Y el peor de todos los miedos se resume en las siguientes palabras: "No soy lo suficientemente bueno. No soy lo suficientemente bueno. No soy lo suficientemente bueno". La mayoría de la gente lucha con esto toda su vida, con la sensación de que en muchos aspectos no es lo suficientemente buena, que no es tan buena como otros en la escuela, que no es tan buena como otros en deportes, que no es tan buena como otros en el trabajo, o en las ventas, o en ocuparse de su familia, ni es tan buena como otros en el terreno físico.

Así que uno de tus trabajos es no decir nunca nada que desencadene la sensación: "No soy lo suficientemente bueno; soy en cierto modo inferior", porque la gente no cambia. Pues es cierto que la gente cambia. Creo que fue Drucker quien dijo que no es que los milagros no existan, sino que no se puede depender de ellos. Pasa lo mismo con lo de que la gente cambie. Es posible que la gente cambie, pero sólo si realmente lo desea, sólo si recibe una llamada de atención personal y toma la decisión de que va a hacer algo distinto.

Tengo un buen amigo que tenía un sobrepeso de 20 o 30 kilos. Se veía como si estuviera tratando de sacar un saco de papas de una tienda, y sus trajes estaban confeccionados para cubrir el saco de papas. Hacía mucho que no lo veía, pero lo vi hace un par de meses y ahora es delgado y esbelto. Resulta que aproximadamente hace un año decidió perder peso y hacerlo para siempre, por lo que se hizo vegano estricto. Ya sabes cómo son los veganos estrictos: les gusta saber todos los ingredientes de cada salsa, todo lo que hay en su plato. No les gusta que se haya usado ni una pizca de mayonesa para preparar un plato en la misma cocina, porque contiene huevo. Pues eso, se hizo vegano estricto y perdió de 60 a 65 kilos. Ahora se ve como si de su cuello colgara una casa de campaña, porque aún no le han hecho ropa a medida.

Había tenido sobrepeso durante dos o tres décadas, y al final tomó la decisión. Y he conocido a otras personas que decidieron dejar de fumar, dejar de beber alcohol, dejar de comer cosas con azúcar o hacerse veganos estrictos. A veces se vuelven pescetarianos, y comen pescado y verduras. Pero sólo ellos mismos pueden tomar esa decisión.

Si tratas de decirle a alguien que debería cambiar esto o lo otro, lo que le estás diciendo es: "No eres lo suficientemente bueno tal como eres. No te apruebo tal como eres. Así como eres, eres inferior a mí". Esto provoca ira, sentimientos de inferioridad, frustración, un montón de cosas, y por eso decimos que el mejor regalo que puedes darle a un niño es el de la aceptación incondicional, no criticarlo nunca. Simplemente hay que aceptarlo al cien por ciento como es, sin condiciones, para bien o para mal.

Uno de los mayores problemas en la vida de los seres humanos es tratar de cambiar a alguien y hacer que sea alguien distinto a quien es. Cuando estoy frente a un gran público, digo lo siguiente: "Dejen de tratar de cambiar a la gente. La gente no va a cambiar. Ustedes no van a cambiar, no han cambiado en 25 años, así que los demás tampoco lo van a hacer". Sólo déjenlo pasar. "Bueno, ¿y cómo puedo hacer que esta persona haga esto?"

No se puede. No puedes volver más ambiciosa a una persona. No puedes hacer que una persona sea más trabajadora. No puedes hacer que una persona sea más puntual. No hay nada que uno pueda hacer para cambiar el comportamiento de alguien más, así que déjalo pasar.

DAN

Eso quita un enorme peso de encima. Probablemente una de las acciones más sanadoras es la aceptación incondicional por sí misma. Es curativo, le da a la gente un espacio para cambiar quizá por propia voluntad.

Brian, me gustaría hablar un poco más en específico sobre la crianza de los hijos. Sé que ya lo hemos comentado un poco, y has compartido buen material al respecto. Pero me gustaría hablar de un par de aspectos que vienen muy al caso en la actualidad. Un fenómeno muy extendido hoy en día —mi mamá solía hablar mucho de él cuando era directora de una preparatoria— es el que se conoce como "hiperpaternidad", fenómeno por el cual los padres se vuelcan en sus hijos y se abalanzan para resolver sus problemas y sacarlos de situaciones difíciles. Háblanos de cómo este fenómeno, aunque pueda parecer afectuoso, puede entrar en conflicto con el hecho de influir en tus hijos para bien, y acabar frenando su crecimiento.

BRIAN

Bueno, tienes que preguntarte cuál es tu meta. Recuerdo leer a un metafísico ruso hace muchos años, llamado P. D. Ouspensky.

Uno de sus libros era una serie de preguntas y respuestas de los estudiantes al gurú. Un estudiante preguntaba: "Doctor, ¿qué debería hacer en esta situación en particular? Hay muchísimos detalles, y estoy muy confundido". Y el profesor dijo: "Bueno, ¿cuál es tu propósito?" El estudiante preguntó: "¿Qué quiere decir?" El profesor volvió a preguntar: "¿Cuál es tu propósito? ¿Cuál es tu fin último? ¿Qué quieres lograr en definitiva en esta situación y dónde quieres terminar?" El estudiante respondió: "No lo sé. No lo tengo claro". El profesor replicó: "Entonces no puedo darte ninguna orientación sobre cómo deberías comportarte, porque hasta que no tengas claro tu propósito, es imposible que decidas la conducta ideal para el momento. Lo que tienes que hacer es aclarar tu meta y después tu propósito. Así, tu actividad deberá ser cualquiera que vaya en dirección a esa meta".

En mis seminarios, a veces bromeo sobre muchas formas de duplicar tu productividad y tus ingresos. Digo: "Les daré muchos métodos a lo largo del día, pero déjenme decirles uno para empezar, para demostrarles que no estoy vendiendo humo. Quiero que se imaginen que tienen dos tipos de actividades. Las llamaremos Actividades número 1 y Actividades número 2, y están en dos bolsas grandes. Las Actividades número 1 se definen como aquellas que te llevan hacia las metas que dices que quieres lograr. Las Actividades número 2 son aquellas que no te llevan hacia tus metas o, aún peor, te alejan de ellas. Y así es como pueden duplicar su productividad, su rendimiento, sus resultados y sus ingresos: hagan únicamente las Actividades número 1 y niéguense a hacer las Actividades número 2. Es así de sencillo".

Así que antes de hacer nada, pregúntate: "¿Esta actividad me acerca hacia algo que quiero lograr, que es muy importante para mí en la vida, o se trata solamente de una distracción, una pérdida de tiempo?" Si no te va a acercar a uno de los objetivos que tú mismo hayas elegido, entonces no la hagas y haz algo que sí te acerque.

Si haces esto con frecuencia, en un plazo de tres días te pasarás todo el día haciendo cosas que te llevarán hacia tus metas más importantes: salud, bienestar, éxito personal, ventas, negocios, calidad de la vida familiar... todo. Y comenzarás a hacer menos las demás cosas.

Aristóteles dijo: "La felicidad es la realización progresiva de un ideal valioso". Siempre que hagas las Actividades número 1, actividades que te lleven hacia algo que es importante para ti, ésas te harán feliz, te hacen sentir bien; te invitan a que sientas que tu vida vale la pena, que estás haciendo cosas buenas con tu existencia. Las Actividades número 2 no te dan ningún tipo de placer. Son como el arroz inflado; no tienen valor alimenticio emocional. Puedes desarrollarlas todo el día (jugar con tu correo electrónico, revisar tu celular, hacer llamadas, hablar con tus amigos, leer el periódico). Puedes enfocarte en ellas todo el día, pero no te nutren en absoluto, no obtienes ningún valor. A fin de cuentas, estás insatisfecho, estresado, sientes que no has progresado en absoluto, y estás furioso contigo mismo.

Pero si trabajas en actividades que son realmente importantes para ti y ves que vas haciendo progresos en ellas, te sientes feliz todo el tiempo. Cuando te sientes contento, tienes más energía. Cuando tienes más energía, eres más creativo. Y cuando eres más creativo, quieres hacer más y más de las cosas que te están acercando día tras día a lo que es más importante para ti. Es una técnica muy sencilla para duplicar tus ingresos, y es una manera excelente de encaminar toda tu vida.

Hay una historia que he usado en libros y seminarios. Es de un viajero que recorría un camino en la antigua Grecia. Se cruzó con un anciano vestido con una túnica blanca, sentado en una piedra. Le dijo al anciano: "Disculpe. Me he perdido y me preguntaba si podía indicarme el camino al monte Olimpo". El anciano, que resultó ser el filósofo Sócrates, le dijo: "Bueno, si realmente quiere llegar al monte Olimpo, es muy sencillo. Sólo asegúrese de que cada paso que dé sea en esa dirección".

Éste es uno de los grandes principios para el éxito. Si quieres tener una vida fabulosa, sólo tienes que asegurarte de que todo lo que hagas sea coherente con el lugar al que quieres llegar más adelante en la vida. En los últimos 25 años se han escrito muchos trabajos sobre planificación estratégica, y una de las conclusiones, que me encanta, es que tener la certeza absoluta de dónde deberías estar dentro de cinco años mejora drásticamente la toma de decisiones a corto plazo. Si sabes exactamente dónde quieres estar dentro de cinco años, entonces cada minuto de cada día lo único que tienes que hacer es asegurarte de que todo lo que haces te lleva en esa dirección. No sólo sentirás una enorme sensación de progreso, sino que también estarás feliz todo el tiempo y tendrás más energía.

DAN

Supongamos que un padre quiere hacer que todas sus actividades, como acabas de decir, sean Actividades número 1, para que sus hijos se conviertan en ciudadanos más productivos, más felices, más autosuficientes y todo eso.

Con la hiperpaternidad, al niño se le olvidó llevarse el almuerzo a la escuela, así que los padres van hasta su salón de clases a llevárselo. Se gastan todo el dinero que tenían para el verano y quieren ir a esa actividad con los chicos, así que les das 50 dólares extras, o están teniendo problemas con el maestro, y vas tú y lo llamas de inmediato.

En el momento, puede parecer que son muy felices, pero en la realidad, ¿hay que plantearse una perspectiva a largo plazo en lo que se refiere a la crianza de los hijos? Obviamente, cuando lo haces por ti mismo, puedes sentir los resultados de inmediato, pero cuando lo haces por tus hijos, a veces los resultados negativos que no quieres que ocurran —en su carácter, por ejemplo— no aparecen hasta unos años después. Se sienten con derecho porque sus padres siempre los sacan de apuros. ¿Qué métodos has descubierto para lograr que los niños se conviertan en ciudadanos productivos y responsables?

BRIAN

Cuando tuvimos hijos, decidimos que nuestra meta era criar niños felices, sanos, seguros de sí mismos, con grandes niveles de confianza en sí mismos y autoestima, que se sintieran increíbles consigo mismos, que se gustaran, y que todo lo que hiciéramos estaría en armonía con ese objetivo a largo plazo; nunca haríamos nada que entrara en conflicto con eso. Nos hemos atenido a ese principio desde que nacieron. Hemos cuidado muy bien de ellos en el aspecto físico, el mental y el emocional. Siempre hemos estado presentes en sus acontecimientos más importantes, siempre les hemos dicho cuánto los amamos y creemos en ellos, y siempre hemos expresado nuestra confianza en ellos. Si cometían errores, simplemente los olvidábamos y los dejábamos pasar.

Una vez, mi hijo Michael chocó mi carro contra una zanja. Lo tuvo que sacar una grúa enorme, porque se quedó muy abajo. Yo estaba fuera del país. Cuando lo llamé, le dije: "Está bien. La vida sigue". Más adelante, hablando conmigo, me dijo: "No tienes ni idea de lo traumático que fue para mí. Después de conseguir que me dejaras manejar tu carro, lo primero que hago es lanzarlo por un acantilado. Y nunca dijiste nada al respecto. Yo pensaba que ibas a estar furioso", porque había visto cómo reaccionaban todos los padres de sus amigos. Pero cuando hablé con él por teléfono, le dije: "No, la vida sigue". Cuando regresé, compré otro carro y le dejé usarlo. "Aquí está el carro. No te preocupes. La vida sigue."

Él aún se acuerda de eso, y pasó hace aproximadamente 18 años, cuando él tenía 16 o 17 años. Así es como había decidido ser con mis hijos: les daría mi aprecio positivo e incondicional, mi amor sin límites; nunca los criticaría y, cuando cometieran errores, simplemente los dejaría pasar. Siempre he estado feliz por eso, porque fue un momento límite. Él dijo: "Fue toda una prueba: cuando le das tu carro a tu hijo y éste lo tira por un barranco, y tú nunca dices nada. Y nunca lo hiciste". Eso me hizo muy feliz.

Así que ¿cuál es tu papel como padre? ¿Tu papel es estar rondándolos constantemente, pasar un poco de tiempo con ellos, ver la televisión y todo eso? La gente me pregunta: "¿Tú qué haces?" Y yo respondo: "Mi principal trabajo es criar a mis cuatro hijos para que sean niños felices y sanos y ser un buen esposo. Después, trabajo en paralelo". Eso es todo. Lo veo como el papel central en mi vida, porque después de todo, eso es lo único que queda. Si educas a tus hijos para que sean felices, sanos y positivos, y te ríes mucho, y tus hijos se ríen mucho, sabes que hiciste un buen trabajo. Si les das todo lo demás en el mundo, pero tienen una personalidad negativa, o son inseguros, o les falta confianza en sí mismos, entonces en ese aspecto has fallado como padre.

DAN

Un gran consejo. La otra pregunta que quería hacerte es ésta: hemos hablado mucho sobre los aspectos positivos y negativos de los medios digitales y la tecnología en la vida empresarial, la vida profesional. Sin embargo, hoy en día los niños pasan demasiado tiempo con los medios digitales, enviando mensajes y viendo videos y redes sociales, y los padres a menudo ceden. Ya no existe ese tiempo de descanso en el carro, por ejemplo, donde podías influirlos con conversaciones. ¿Qué sugieres a los padres que hagan, desde la infancia hasta la adolescencia de sus hijos, para asegurarse de que sean ellos la influencia número uno en la vida de sus pequeños, en lugar de los medios digitales?

BRIAN

Los niños se sienten atraídos hacia el amor. Del mismo modo que los girasoles se vuelven hacia el sol, los pequeños sienten "tropismo al amor": se giran hacia la mayor fuente de amor y aprobación en su vida. Para un niño, el amor y la aprobación son tan importantes como el oxígeno o la sangre para el cerebro. Por lo tanto, si quieres ser la influencia más importante en la vida de tu hijo, tienes que ser la fuente más importante de amor y aprobación, para que tu hijo siempre te vea como la parte más positiva de su vida.

Les he enseñado esto a miles de personas en mis programas, y los padres han regresado a decirme que es cierto: tus hijos reciben la influencia de sus amigos, sus escuelas, sus relaciones, sus amistades masculinas y femeninas… de todo tipo de cosas, pero tienes que asegurarte de que tú eres la persona más sólida a la que acudir como fuente principal de amor y aprobación para ellos. A mis hijos yo les decía esto: "Sus otros amigos irán y vendrán, y algunos serán amigos durante más tiempo y otros durante menos, pero su madre y yo nunca nos iremos a ninguna parte. Siempre estaremos ahí. Siempre seremos sus mejores amigos. Siempre estaremos cerca para cuidarlos. Siempre podrán contar con nosotros".

Les decíamos eso cuando eran más pequeños, a los siete, ocho, nueve o 10 años, y en cierto momento lo empezaron a entender y se dieron cuenta de que sus amigos iban y venían. Mi hija compartía departamento con otra joven en la Universidad de Miami, y esta chica no tenía tanto dinero como nosotros, así que la invitamos a que fuera de vacaciones con nosotros a Hawái, y le pagamos los boletos de avión a Cabo San Lucas. La cuidamos igual que a nuestros propios hijos. Un día, simplemente dijo que se iba a mudar a otro estado, y no volvería más. Fin.

DAN

¡Vaya!

BRIAN

Ésa fue toda su explicación. Tenía un novio y tenía problemas con él. Éste había decidido irse, y ella decidió marcharse con él. Y después de todo eso simplemente se fue, así sin más, y nunca regresó, nunca volvió a comunicarse con nosotros. Y mi hija había pensado que era su mejor amiga; iban a la escuela juntas y todo eso. Yo le dije: "Ya te lo había dicho: tus amigos irán y vendrán, y algunos serán mejores amigos, otros, peores". Ya lo ha comprobado. Ahora tiene 24 años; ha visto cómo muchos de sus mejores amigos por siempre van y vienen, o simplemente desaparecen. Nunca regresan, nunca se vuelven a comunicar. Pero sus padres siempre están al otro lado del teléfono, sus padres siempre están al otro lado del correo electrónico, o un mensaje de texto; sus padres siempre están ahí. Ella es la más joven, y creo que todos se dan cuenta de que sus padres son sus mejores amigos, porque siempre puede contar con nosotros. Por eso puede superar todo tipo de problemas, algo que les ocurre mucho a los jóvenes aproximadamente hasta que cumplen los 25. Pasan por todo eso, pero mientras sepan que sus padres son la única y más sólida fuente de amor y aprobación e influencia en su vida, son sólidos como una roca.

Y son buenas personas. Pero cuando los niños no están seguros, se preguntan, y dudan, y sus propios hijos no están seguros de si sus padres los aman de verdad, o si sus padres están muy enojados con ellos. La semana pasada los padres estaban bien y esta semana están muy enojados. ¿Qué pasará la próxima semana? Este tipo de imprevisibilidad por parte de los padres hace que un niño crezca inestable, neurótico, inseguro, enojado y desconfiado. Al niño le resulta difícil establecer relaciones a largo plazo con otras personas de ambos sexos, o comprometerse con una carrera. Así que los padres son como una gran roca a la que puede afianzarse.

DAN

Sí. Me encanta esa imagen.

BRIAN

Y los niños tienen que saber que sus padres siempre serán sólidos como una roca para ellos, que nada cambiará eso nunca.

DAN

Eso es precioso. Brian, pasemos a hablar sobre uno de los temas más importantes, que es cómo influir en uno mismo. A menudo, la gente se siente muy cómoda diciéndoles a los demás cómo comportarse o tratando de influirlos, pero cuando se trata de ellos mismos, no suelen ser sus mejores amigos en distintos aspectos.

Sobre este tema de influirse a uno mismo, Ken Blanchard, autor de *El nuevo manager al minuto*, decía que hay que aprender a mantener tus compromisos. Pienso en eso en cuanto al tema de influirse a uno mismo. Yo me he sorprendido a mí mismo con esto. A veces no te responsabilizas de tus propios compromisos. Eres demasiado blando contigo mismo, por así decirlo.

¿Cuáles son tus ideas respecto a ser tu mejor amigo, responsabilizarte de aspectos que consideras importantes en tu vida y no dejarte abandonarlos? ¿Qué consejos darías en el tema de influirse a uno mismo para mejor; ser el más confiable amigo de uno mismo y responsabilizarse?

BRIAN

Comencé a enseñar la importancia de la autoestima, la confianza en uno mismo y el descubrimiento del potencial personal hace mucho tiempo. Estudié estos temas vorazmente durante años y años. Cuando comencé a enseñarlos, descubrí tres perspectivas maravillosas. La primera es que te conviertes en lo que piensas la mayor parte del tiempo.

Así que durante años llené mi mente con material positivo e inspirador, material sobre el desarrollo espiritual. Pasé miles de horas leyendo libros sobre la importancia del desarrollo espiritual. Durante miles de horas leí sobre motivación personal, a todos los grandes clásicos, y los leí una y otra vez: Napoleon Hill y Norman Vincent Peale, y a todos los demás escritores. Después empecé a estudiar metafísica y cómo funcionan el cerebro y la mente, y cómo actúan en conjunción con el universo.

En 1981 comencé a enseñar la ley de la atracción, y cómo proviene de hace cuatro mil años antes de Cristo, y cómo se ha enseñado en las escuelas de misterio generación tras generación. Lo estudié durante mucho tiempo y en profundidad. Leí libros que se habían escrito al respecto en el siglo xix, y después en el siglo xx. La comprendí a fondo, y cuando comencé a impartir mi seminario de dos días sobre el éxito personal, la incluí como una de las 32 leyes que enseño en ese curso. No son sólo 32 leyes, pero son dos días completos, unas 16 horas, de ideas, principios, materiales, conceptos sobre desarrollo psicológico, emocional, relaciones, estrés, felicidad y salud, y ésta fue una de ellas.

Enseñé la ley de la atracción, además de otras dos o tres leyes secundarias relacionadas con ella. Existe la *ley de la resonancia simpática*, que básicamente dice que si tienes dos pianos en una habitación y tocas la tecla del do bemol en un piano y caminas hacia el otro lado de la sala, esa misma cuerda vibrará en el otro piano. También se llama *vibración simpática*. Éste es un principio muy importante en el universo. También existe otro principio llamado el *principio de repulsión*, que dice que no sólo puedes atraer situaciones, sino también repelerlas, dependiendo de la emoción que esté involucrada. En otras palabras, si tienes una emoción negativa cuando piensas en algo, consigues repelerla de tu vida. Si tienes una emoción positiva, logras atraerla.

Con la resonancia simpática, muy a menudo puedes entrar en una habitación, mirar y ver a una persona. Habrá una resonancia simpática con esa persona, y te presentarás, y después estarás casado con esa persona por el resto de tu vida. Eso pasa.

Khalil Gibrán dijo que así es como ocurre: cuando conoces a alguien, será la persona correcta para ti desde el primer momento en que la conozcas, o nunca pasará. Por eso, casi siempre, cuando las parejas se juntan y les preguntan: "¿Cómo se conocieron?", ambas recuerdan el momento. Siempre recuerdan ese momento de resonancia simpática y del principio de atracción.

Hay un *principio de vibración* que gobierna todo el universo. Cada una de las formas del universo (agua, vidrio, acero, uranio…) está en un estado de vibración, el cual posee una frecuencia y una velocidad determinadas. Algunas vibran muy rápido y otras muy lento, y se deterioran y todo eso. En 1981 enseñaba eso, y 25 años después alguien tomó mi curso tres veces y publicó un libro llamado *El secreto*.

Mucha gente me escribió y me dijo: "Este libro viene de tu programa. El primer 50% del libro es de tu programa. Pero no incluye todo lo demás que enseñaste sobre las otras leyes que rodean a la de atracción", que es la razón por la que muy poca gente puede hacer que funcione. La mayoría no comprende que hay algunos factores de la atracción. Uno de ellos es la fe, por ejemplo. La fe tiene un poderoso efecto armónico. Otro factor de la atracción es el *principio de la acción*. Como dice en la Biblia: "La fe, sin obras, está muerta". En otras palabras, si tienes una imagen feliz, un sueño, una fantasía o una meta sobre algo, pero no actúas de manera consecuente con eso en todo momento, entonces se queda ahí parada. No tiene efecto. Por eso mucha gente dice: "Estuve practicando la ley de la atracción durante uno o dos años, y no pasó nada". ¿Por qué? Porque te fuiste a casa a ver la televisión.

Pues eso, comencé a enseñar estos principios. El primero es que te conviertes en lo que piensas la mayor parte del tiempo. Atraes a tu vida las situaciones en las que piensas, y repeles de ti los aspectos que descartas.

También comencé a enseñar los principios de las emociones negativas frente a las positivas. Lo único que se interpone entre la felicidad y la desdicha son las emociones negativas. Todas las emociones negativas se aprenden y, una vez aprendidas, se pueden desaprender. Puedes desechar una emoción negativa. Casi puedes desprenderla, como un alambre de un cable, para que desaparezca, y si cancelas tus emociones negativas, todo lo que queda son las positivas. Y si cancelas estas últimas y después las enganchas a polos positivos y añades emociones positivas, creas un campo de fuerzas energéticas que comienza a atraer a tu vida todo lo que necesitas para alcanzar la meta.

También descubrí la importancia de las emociones negativas en el fracaso y el rechazo, y cómo cada niño se forma en los primeros tres a cinco años por el flujo constante de mensajes que recibe de sus padres. Si es una emisión constante de mensajes positivos, por ejemplo, alimentos sanos y nutritivos, crecen felices, saludables y con confianza en sí mismos. Es casi como su nutrición, su oxígeno.

Lo segundo que aprendí es que te conviertes en lo que enseñas, y cuanto más enseñas algo, más lo internalizas. Si realmente te gusta el tema y lo enseñas desde el corazón, lo internalizas a un nivel muy, muy profundo.

El tercer principio, que viene de la esposa de Ken Blanchard, Margie, es que enseñas lo que más necesitas aprender. Ése es un concepto maravilloso. He impartido algunos temas con un entusiasmo, una pasión y un humor tremendos, los he enseñado durante años, y en determinado momento pasé a otros. Me di cuenta de ello porque he internalizado todos. Ya no los necesito. Es como enseñar sobre pérdida de peso. Llega un punto en el que estás delgado, eres esbelto y estás en forma, y comes bien, así que pierdes tu entusiasmo por enseñar sobre cómo adelgazar, porque tú ya no lo necesitas más.

Éstas son las cosas que aprendí y me han permitido ser influyente en la vida de mis hijos. Asimilé los principios, los practiqué con mi esposa y mis hijos, y comencé a enseñárselos a otras personas. He tenido la fortuna de haberlos internalizado. Una de las cosas que enseñé es que puedes ser positivo la mayor parte del tiempo si decides ser positivo la mayor parte del tiempo. Puedes eliminar las emociones negativas si decides eliminar las emociones negativas. Puedes desarrollar una respuesta automática ante situaciones negativas y problemas simplemente preprogramando tu mente para que reaccione de manera positiva. Cuanto más practiques eso una y otra vez, más entra a formar parte del modelo con el que caminas, hablas, piensas y actúas.

En los últimos años, por varios motivos, he padecido estenosis espinal, y por ello he tenido seis operaciones de espalda. Lo que ocurre es que la columna vertebral es casi como una tubería corroída y oxidada, que sostiene la columna vertebral. Esta tubería se estropea y se comienza a corroer y desgastar los cables de la columna vertebral. Se empiezan a romper y desarrollas problemas con las vértebras y todo eso. Además, tenía cáncer, y después tuve una cirugía a corazón abierto, y luego tuve un desgarre en los dos hombros: me lesioné los manguitos rotadores.

DAN

Vaya. Eso dice mucho de la necesidad de ser tu propio mejor amigo.

BRIAN

Sí. Tuve una vida muy dura y muy ocupada durante muchos años; he viajado a 120 países;* he pasado por tres o cuatro guerras y todo tipo de problemas. Si maltratas mucho tu cuerpo de joven, te pasa factura cuando te haces mayor. Pero a pesar de todo eso he sido siempre muy positivo, como ya sabes; hace muchos años que me conoces.

DAN

Y siempre me sorprendes.

BRIAN

Sí. Nunca me verás negativo. Siempre estoy relajado y positivo. Así que creo que he sido afortunado, y les he transmitido eso a mis hijos. Ellos nunca me han visto de otra manera que no sea positivo. A lo mucho, me han visto cansado.

DAN

Sí. Exacto.

BRIAN

Pero nunca negativo. Así que, cerrando el círculo, empecé a enseñar sobre objetivos. Y descubrí que establecerlos es para mí el

---

* *N. del E.*: En el tiempo que duró esta conversación Brian Tracy viajó a 40 países más.

mayor poder del universo. Hay que fijar un objetivo respecto a tus hijos, que tu meta más importante sea criar niños felices, sanos, que confíen en sí mismos, y que sólo harás aquello que logre que críes niños felices y sanos y no harás nada que no sirva para criar niños felices y sanos. Y el bienestar mental, emocional y físico de tus hijos tiene prioridad sobre todo, porque todo lo demás va y viene. Mi hija mayor tiene 36 o 37 años. Ésa era mi filosofía cuando nació, y nunca me he desviado del camino. Lo más importante es que el núcleo central de tu vida sean tu familia y tus hijos.

Hace poco estuve hablando con Ken Blanchard; nos vimos en un restaurante muy lindo. Barbara y yo estábamos sentados en un reservado, y entonces entraron Ken y su familia. Estábamos hablando de lo más importante en la vida. Acordamos que las personas a las que amas y las que te aman son lo más importante, y tu gran propósito en la vida son ellos. Ken se levantó y se acercó, y dijo: "Hola. ¿Cómo estás?" Le contesté: "Bien. Estábamos aquí hablando sobre lo que es más importante en la vida". Y él dijo: "Lo más importante en la vida son las personas a las que amas y las que te aman"… Exactamente lo mismo que habíamos dicho un minuto antes, palabra por palabra.

DAN

Vaya. Eso es increíble.

BRIAN

Sí. Y la semana pasada y la anterior un par de personas se me acercaron y me dijeron lo mismo: las personas que amas y las que te aman son lo más importante en la vida. Si ése es tu sostén, si lo tienes muy claro, si nunca haces nada para violar o dañar eso, todo lo demás en tu vida se arregla por sí solo.

DAN

Sí. Precioso. Yo me considero afortunado por tener también una gran familia. Hay que seguir insistiendo, una y otra vez, ya que, si alguna vez pierdes el rumbo, eso es lo más importante.

Si hablamos de influir en uno mismo, una manera positiva de conseguirlo es la nutrición, lo que le metes a tu cuerpo. Para mí, se trata principalmente de mantenerse en buena forma, por uno mismo y por las personas a las que amas. Mi esposa y yo siempre solíamos bromear: "Me cuidaré por ti, si tú te cuidas por mí". ¿Podrías hablar un poco sobre algunos principios nutricionales que puedan ayudar a mantenerse en forma e influir en uno mismo para ser un ser humano más vital?

BRIAN

Solía hablar de esto en mi seminario de dos días. Lo que descubrí es que todo el mundo sabe las respuestas a esto; no es necesario pasar mucho tiempo hablando de ello como si lo acabaras de descubrir en un manual secreto. Todo el mundo sabe que las claves del éxito son alimentarse bien, beber mucha agua, hacer mucho ejercicio, y mucho descanso. Todo lo demás es simplemente una pequeña adición a eso.

Descubrieron que las personas ricas duermen ocho horas y media por la noche, y la gente pobre duerme seis o siete. ¿Por qué? Es como esa pequeña batería de tu teléfono: debe estar totalmente cargada al inicio del día. Si sólo la cargas hasta los tres cuartos durante la semana, se agota, y ya no piensas con tanta claridad, ya no eres tan ingenioso, ni tampoco tan paciente.

Ves muchos anuncios de centros turísticos, y se ve a gente rica, sentada en un barco, en la playa, o en la alberca. ¿Por qué hacen eso los ricos? Han descubierto que ellos se van más de vacaciones que los pobres, y que tienen más tiempo libre. Pero eso no significa que no tengas que trabajar duro para tener éxito, pero tienes que equilibrarlo.

Entonces, la gente con éxito come alimentos más nutritivos. Dicen que hay 17 mil libros de cocina en el mercado actual en Estados Unidos y 17 mil libros sobre dietas para ayudar a la gente a perder el peso que ganaron con esos libros de cocina. También sabemos que hay que beber muchos más líquidos.

Y hacer ejercicio todos los días. Necesitas 200 minutos a la semana, lo que supone unos 30 minutos de caminata al día. Sólo basta con caminar 30 minutos cada día, comer alimentos saludables, evitar azúcares y postres, cuidar tu salud bucal, hacerte revisiones médicas frecuentes… todo el mundo sabe eso. El desafío es siempre la disciplina personal.

DAN

En parte se trata de influir en ti mismo. ¿Cómo puedo imponerme disciplina y no escaparme de eso? Ésa es la parte difícil. ¿Cómo mantener esa disciplina con uno mismo? ¿Piensas en tu propósito, en todo aquello por lo que mantienes el cuerpo vital y saludable?

BRIAN

Creo que hay que practicar día tras día. Dale Carnegie lo dijo en su libro *Cómo ganar amigos e influir sobre las personas*, o en *Cómo dejar de preocuparse y empezar a vivir*. Dijo que sólo hace falta ir día tras día, sea la situación que sea. No trates de cambiar el mundo, no trates de comprometerte a cambiar para toda tu vida; usa las palabras "sólo por hoy". Sólo por hoy beberé mucha más agua. Sólo por hoy sólo tomaré dos tazas de café. Sólo por hoy estacionaré mi carro a dos calles de mi oficina e iré caminando y subiré por las escaleras. Sólo por hoy.

Escribí un libro titulado *El poder del deseo*, y otro titulado *¡Sin excusas! El poder de la autodisciplina*. En ambos explico con mucho detalle los pasos que se deben tomar para desarrollar los hábitos que son necesarios para tener éxito. Escribí un libro titulado *Hábitos para ser millonario*, que voy a volver a reeditar este año. Es el mejor libro que se ha escrito jamás sobre el tema de los hábitos, y al parecer los editores también están de acuerdo. Básicamente, es práctica. Hay que hacer un poco cada día hasta que se vuelva automático.

El filósofo alemán Goethe dijo: "Todo es difícil hasta que es fácil". Así que sólo tienes que decir: "Muy bien, va a ser difícil empezar con esto, y luego será fácil. Así que empezaré ahora, paso a paso". A veces bromeo con mi público y digo: "Si pudiera ofrecerles un millón de dólares por ir caminando de Dallas a Chicago, pero no valdría que pidieran aventón ni que compraran un boleto de avión, si tuvieran que hacerlo tan solo caminando, ¿cómo lo harían? Si me creyeran y quisieran el millón de dólares, ¿qué harían? Bueno, lo primero sería salir de este centro de convenciones y dirigirse hacia Chicago, y poner un pie frente al otro. Eso es todo".

Algunas personas llegarán allí más rápido, otras más lento, pero todo el mundo llegaría. Sólo un paso después de otro. Así que yo digo que el mayor desafío de la vida es dar el primer paso. Una vez que des el primer paso, el segundo es fácil. Y yo digo que siempre puede verse el primer paso, el primer paso siempre es más nítido. Así que hay que dar el primer paso, y después el segundo aparecerá, y entonces lo darás. Simplemente sigue haciendo eso, y al final podrás acabar caminando por todo el mundo.

DAN

Sí. Un gran consejo. Brian, creo que es una buena manera de terminar con los hábitos que puedes desarrollar con la habilidad de la influencia, y así despuntar. Hemos cubierto las áreas más importantes, que son la familia y uno mismo, y también hemos hablado de la vida profesional. Me gustaría que cerraras con una conclusión. ¿Cuál crees que es la mayor ventaja de la influencia? ¿Qué es lo que quieres que la gente recuerde cuando termine de leer este libro y comience a poner en práctica tus ideas? ¿Cuál es la gran ventaja con la que quieres que se quede?

BRIAN

Creo que la idea más sencilla es que no puedes influir en los demás más de lo que puedes influir en ti. Así que debes tener una voluntad muy fuerte y autodisciplina para poder ejercer influencia en los demás. Debes tener muy claro quién eres y cuáles son tus fortalezas y debilidades; debes tener muy claro lo que quieres, tus metas y cómo llegar a ellas. Tienes que escribirlas; no puede ser como el humo de un cigarro en el aire. Después tienes que idear un plan para lograr tus metas, una por una: la meta financiera, la meta de salud, la meta familiar… Después, tienes que trabajar en tus objetivos todos los días. Si haces eso, te vuelves un ejemplo para ti mismo, comienzas a progresar hacia tus metas, tienes más optimismo y confianza en ti, y en consecuencia eres más influyente sobre los demás, porque quieren ser como tú. Están abiertos a tu orientación, porque te ven progresar en tu vida. No hay nada que te vuelva más influyente que verte exitoso. La gente quiere ser así, por lo que quiere ser como tú.

Si la gente pregunta cuáles son las claves del éxito, es muy sencillo: decide exactamente lo que quieres y escríbelo. Haz un plan a detalle. Después, actúa sobre tu proyecto y trabaja en él todos los días hasta que tengas éxito, y decide con antelación que nunca te rendirás. Si lo consigues, aumentarás tu autoestima y la confianza en ti; te sentirás genial contigo mismo; habrás logrado metas extraordinarias y serás un modelo a seguir y una persona influyente en la vida de todos los que te rodean.

DAN

Bueno, tú has sido un ejemplo a seguir en mi vida. Espero usar estas ideas, y espero que los lectores echen mano de estos recursos para tener influencia en sus negocios, con su familia, con su cónyuge y en su comunidad. Brian, ha sido genial estar contigo.

BRIAN

Gracias, ha sido un placer, Dan.

Conecta con los demás de Brian Tracy y Dan Strutzel
se terminó de imprimir en agosto de 2022
en los talleres de
Litográfica Ingramex S.A. de C.V.,
Centeno 162-1, Col. Granjas Esmeralda, C.P. 09810,
Ciudad de México.